TITANIC

PANAMERICANA
EDITORIAL

Wilkinson, Philip
    Titanic : tragedia en el mar / Philip Wilkinson ; ilustrador Peter
Bull. – Bogotá : Panamericana Editorial, 2011.
    64 p. : il. ; 30 cm.
    Incluye índice.
    Título original : Titanic. Disaster at sea.
    ISBN 978-958-8737-10-2
    1. Naufragios – Historia 2. Titanic (Barco) – Historia 3. Colisiones
marítimas I. Bull, Peter, il. II. Tít.
910.45 cd 22 ed.
A1306212

            CEP-Banco de la República. Biblioteca Luis Ángel Arango

Primera edición en Panamericana Editorial Ltda., 2011

© 2011 Weldon Owen Pty Ltd
Título original: *Titanic. Disaster at Sea*
© De la traducción en castellano EDIMAT LIBROS, S.A.
Ilustraciones: Peter Bull Art Studio, Leonello Calvetti,
Francesca D'Ottavi/Wilkinson Studios, Malcolm Godwin/
Moonrunner Design, Barry Croucher y Gary Hanna/
The Art Agency, Roger Stewart/KJA-artists

© 2011 Panamericana Editorial Ltda.
Dirección editorial: Conrado Zuluaga

ISBN: 978-958-8737-10-2

Panamericana Editorial Ltda.
Calle 12 No. 34-30. Tel.: (57 1) 3649000. Fax: (57 1) 2373805
www.panamericanaeditorial.com
Bogotá D.C., Colombia

Impreso en China
Printed in China

SOBRE EL AUTOR

Philip Wilkinson ha publicado más de sesenta títulos para
adultos y niños, principalmente sobre historia, arquitectura y
arte, entre ellos podemos encontrar el premiado *Amazing
Buildings* (Edificios asombrosos), *A Celebration of the Customs
and Rituals of the World* (Celebración de las tradiciones y
los rituales del mundo), que fue aprobado y adoptado por
Naciones Unidas y *What the Romans Did For Us* (¿Qué hicieron
los romanos por nosotros?), éxito de ventas sobre el que se
basó la conocida serie de televisión de la BBC que lleva el
mismo nombre. Vive entre Cotswolds (Inglaterra) y la región
de Bohemia del Sur (República Checa) y, cuando no escribe,
disfruta explorando antiguos edificios y lugares históricos de
ambos países, dando charlas sobre ellos.

TITANIC

Tragedia en el mar

CONTENIDO

EL TROFEO BANDA AZUL

UN TROFEO LLAMADO *Blue Riband* o Banda Azul premiaba al buque comercial más rápido en cruzar el océano Atlántico. Sin embargo, no existió un trofeo real hasta la presentación del Trofeo Hales en 1935. Ganar el Trofeo Banda Azul daba fama y prestigio a las principales navieras. Cunard, con sus rápidos transatlánticos, tuvo especial éxito.

El Trofeo Hales con Banda Azul de 1935.

SS GREAT EASTERN

Isambard Brunel diseñó el SS *Great Eastern* para que pudiera realizar viajes alrededor del mundo sin necesidad de repostar combustible. Propulsado por velas y vapor, tenía ruedas de palas y hélices.

ARMADOR: J. SCOTT RUSSELL & CO.

NAVIERA: EASTERN COMPANY

BOTADURA: 31 DE ENERO DE 1858

ESLORA: 211 M (692 PIES) **MANGA:** 25 M (82 PIES)

VELOCIDAD: 14 NUDOS (24 KM/H – 16 MPH)

CAPACIDAD: 4418 (4000 PASAJEROS / 418 TRIPULANTES)

RMS LUCANIA

El *RMS Lucania* tenía los motores más potentes de cualquier transatlántico de la época, y ganó el Trofeo Banda Azul en 1893. En 1901 se convirtió en el primer barco de la Cunard con sistema Marconi inalámbrico.

ARMADOR: FAIRFIELD SHIPBUILDING

NAVIERA: CUNARD LINE

BOTADURA: 2 DE FEBRERO DE 1893

ESLORA: 190 M (622 PIES) **MANGA:** 21,5 M (65,25 PIES)

VELOCIDAD: 23,5 NUDOS (43,3 KM/H – 27 MPH)

CAPACIDAD: 2424 (2000 PASAJEROS / 424 TRIPULANTES)

EDAD DE ORO DE LOS TRANSATLÁNTICOS

LOS GRANDES TRANSATLÁNTICOS se equiparon con los motores más potentes que se habían construido hasta la fecha. Los pasajeros más ricos se acomodaban en cabinas y camarotes de lujo; los barcos contaban con un pequeño ejército de tripulantes. Antes de que se inventaran los aviones comerciales, estos barcos eran el medio más cómodo para recorrer largas distancias y también, el más utilizado por millonarios y por inmigrantes pobres que viajaban desde Europa hasta Estados Unidos.

Varias navieras tenían estos grandes transatlánticos, pero las más famosas eran las compañías británicas Cunard y White Star.

Naviera Cunard. Etiqueta de equipaje del *RMS Mauretania*.

RMS OCEANIC

El *RMS Oceanic* fue el transatlántico más grande del mundo hasta 1901. Durante la Primera Guerra Mundial se convirtió en un crucero mercante armado pero encalló en Shetland, en el norte de Escocia, en 1914.

ARMADOR: HARLAND AND WOLFF

NAVIERA: WHITE STAR LINE

BOTADURA: 14 DE ENERO DE 1899

ESLORA: 215 M (704 PIES) **MANGA:** 19,4 M (63,8 PIES)

VELOCIDAD: 21 NUDOS (40 KM/H – 24,2 MPH)

CAPACIDAD: 2059 (1710 PASAJEROS / 349 TRIPULANTES)

«REINA DEL OCÉANO»

L *TITANIC* NO SOLO FUE el barco más grande en surcar los mares, sino también el más lujoso. En el interior de esta «reina del océano», la naviera White Star Line ofrecía alojamiento, comida y servicio al más alto nivel. Aquellos que ¿oan el billete más caro, también podían disfrutar de una amplia gama stalaciones (desde pistas de *squash* y gimnasio, hasta restaurantes y ¿erías de primera clase). Además, el *Titanic* y el *Olympic* fueron los ¿eros barcos equipados con piscina y baño turco.

EL INTERIOR DEL BARCO DE LOS SUEÑOS

¿n tamaño del barco significaba que había mucho espacio a ¿. Dos amplias escaleras unían las instalaciones de primera clase ¿s puentes exteriores y muchas de las áreas comunes, tales como ¿medores, salas de recepción y zonas de fumadores para los ¿eros de primera y segunda clase, eran enormes. Incluso con más ¿00 pasajeros a bordo (más de 3547 pasajeros podrían haber ¿o en el *Titanic*, si hubiera ido a plena capacidad), nunca llegó a ¿er que el barco estuviera lleno.

NAVIERA WHITE STAR LINE

¿anic era propiedad de la White Star Line, una compañía ¿a de mucho éxito que también era propietaria del *Olympic*, ¿ idéntico al *Titanic* en casi todos los detalles y el *Britannic*, que ¿ era incluso más grande que el *Titanic*. Estos tres barcos ofrecían alojamiento para pasajeros ricos y pobres.

El navío gemelo del *Titanic*, el *Olympic*, estuvo 24 años en servicio, ganándose el apodo de «Viejo fiable».

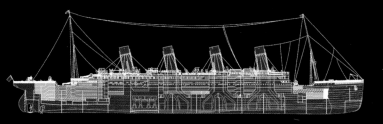

La división de clases en el Titanic
Al igual que la mayoría de cruceros de la época, el *Titanic* ofrecía alojamiento a tres niveles de confort o «clases». Existían determinadas zonas o instalaciones que estaban separadas según las diferentes clases de pasajeros.

- ☐ Zonas de primera clase
- ☐ Zonas de segunda clase
- ☐ Zonas de tercera clase
- ☐ Alojamiento para la tripulación

Vendiendo un sueño
Folletos ilustrativos mostraban los tipos de alojamiento en el *Olympic* y el *Titanic*.

¿otadura del *Britannic* fue ¿ 1914 y sirvió como buque ¿spital durante la Primera ¿erra Mundial antes de ser hundido.

WHITE STAR LINE
TRIPLE SCREW STEAMER
"OLYMPIC"
46.359 TONS

Sección transversal del Titanic
Estaba distribuido en varios puentes o cubiertas. Los motores y el almacén estaban situados en los niveles inferiores, las cubiertas al aire libre se localizaban en la parte superior y los camarotes, así como las zonas comunes, se encontraban en los puentes intermedios.

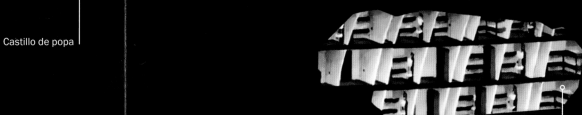

- Chimenea
- Jarcia
- Botes salvavidas estibados aquí
- Cubierta superior
- Cubierta de paseo superior A
- Cubierta superior C
- Cubierta de paseo B
- Cubierta con el salón comedor de primera clase D
- Cubierta principal E
- Cubierta intermedia F
- Piscina
- Pista de *squash*
- Cubierta inferior G
- Cubierta inferior con los motores y calderas
- Pantoque

- Puente de popa para el atraque
- Sala general de tercera clase
- Castillo de popa
- Camarotes de tercera clase
- Cubierta de popa
- Camarotes de segunda clase
- Comedor de segunda clase

SS KAISER WILHELM DER GROSSE

El *SS Kaiser Wilhelm der Grosse* se convirtió en el primer buque alemán en ganar el Trofeo Banda Azul y fue el primer transatlántico, cuando funcionaba como crucero mercante, que se hundió durante la Primera Guerra Mundial.

ARMADOR: STETTINER VULCAN

NAVIERA: NORDDEUTCHER LLOYD

BOTADURA: 4 DE MAYO DE 1897

ESLORA: 200,1 M (655 PIES) **MANGA:** 20,1 M (65,8 PIES)

VELOCIDAD: 22,5 NUDOS (41,7 KM/H – 25,9 MPH)

CAPACIDAD: 1994 (1506 PASAJEROS / 488 TRIPULANTES)

RMS CARONIA

Antes y después de la Primera Guerra Mundial, cuando se convirtió en un buque de transporte de tropas, el *RMS Caronia* sirvió en varios destinos en Europa y América, antes de ser vendido como chatarra en 1932.

ARMADOR: JOHN BROWN & COMPANY

NAVIERA: CUNARD LINE

BOTADURA: 13 DE JUNIO DE 1904

ESLORA: 207 M (678 PIES) **MANGA:** 22 M (72 PIES)

VELOCIDAD: 18 NUDOS (33 KM/H – 21 MPH)

CAPACIDAD: 1550 PASAJEROS

RMS LUSITANIA

El *RMS Lusitania* fue un barco rápido y lujoso, pero más pequeño que los buques posteriores de la naviera White Star. Un submarino alemán lo hundió durante la Primera Guerra Mundial con la pérdida de 1198 vidas.

ARMADOR: JOHN BROWN & COMPANY

NAVIERA: CUNARD LINE

BOTADURA: 7 DE JUNIO DE 1906

ESLORA: 240 M (787 PIES) **MANGA:** 26,5 M (87 PIES)

VELOCIDAD: 26,7 NUDOS (49,4 KM/H – 30,7 MPH)

CAPACIDAD: 3048 (2198 PASAJEROS / 850 TRIPULANTES)

RMS MAURETANIA

Ligeramente más grande que su navío gemelo, el *RMS Lusitania*, el buque *RMS Mauretania* batió el récord de velocidad utilizada por los transatlánticos en 1907, y mantuvo el Trofeo Banda Azul durante veintidós años.

ARMADOR: SWAN, HUNTER & WIGHAM RICHARDSON

NAVIERA: CUNARD LINE

BOTADURA: 20 DE SEPTIEMBRE DE 1906

ESLORA: 240,8 M (790 PIES) **MANGA:** 26,8 M (88 PIES)

VELOCIDAD: 28,7 NUDOS (53 KM/H – 33 MPH)

CAPACIDAD: 2967 (2165 PASAJEROS / 802 TRIPULANTES)

CONSTRUCCIÓN

CONSTRUIR ENORMES TRANSATLÁNTICOS como el *Titanic* y su navío gemelo, el *Olympic*, supuso un enorme trabajo. Se construyeron a la vez en un astillero en Belfast, que pertenecía a una compañía llamada Harland and Wolff. El astillero tuvo que ser adaptado y la construcción de los barcos duró dos años, llegaron a estar involucrados en la construcción de cada nave hasta 3000 trabajadores en determinados momentos. El coste total del *Titanic* ascendió a 1,5 millones de libras, que en la actualidad equivaldría a 80 millones de libras.

EL TRABAJO EN EL ASTILLERO

Primero, los trabajadores construyeron la quilla del barco. Después, levantaron un marco de acero a modo de esqueleto y lo cubrieron con placas de acero para formar un gran casco. Más tarde, añadieron los muros internos, las cubiertas, las instalaciones y el mobiliario (desde las enormes chimeneas y motores hasta la lujosa decoración).

Historias del TITANIC

THOMAS ANDREWS

Thomas Andrews fue el director y responsable del departamento de diseño de Harland and Wolff. Fue el encargado de diseñar los planos del *Titanic*. Comprobó cuidadosamente cada detalle del diseño y era responsable de que el barco cumpliera con las expectativas del cliente.

Historias del TITANIC

JOSEPH BRUCE ISMAY

Bruce Ismay fue presidente de la compañía White Star Line, la naviera propietaria del *Titanic*. Quería que este buque fuera mejor que cualquier otro barco de la época como el RMS *Mauretania* de su competidora, la Cunard Line. También quería que el *Titanic* fuera el barco más grande e impresionante jamás construido.

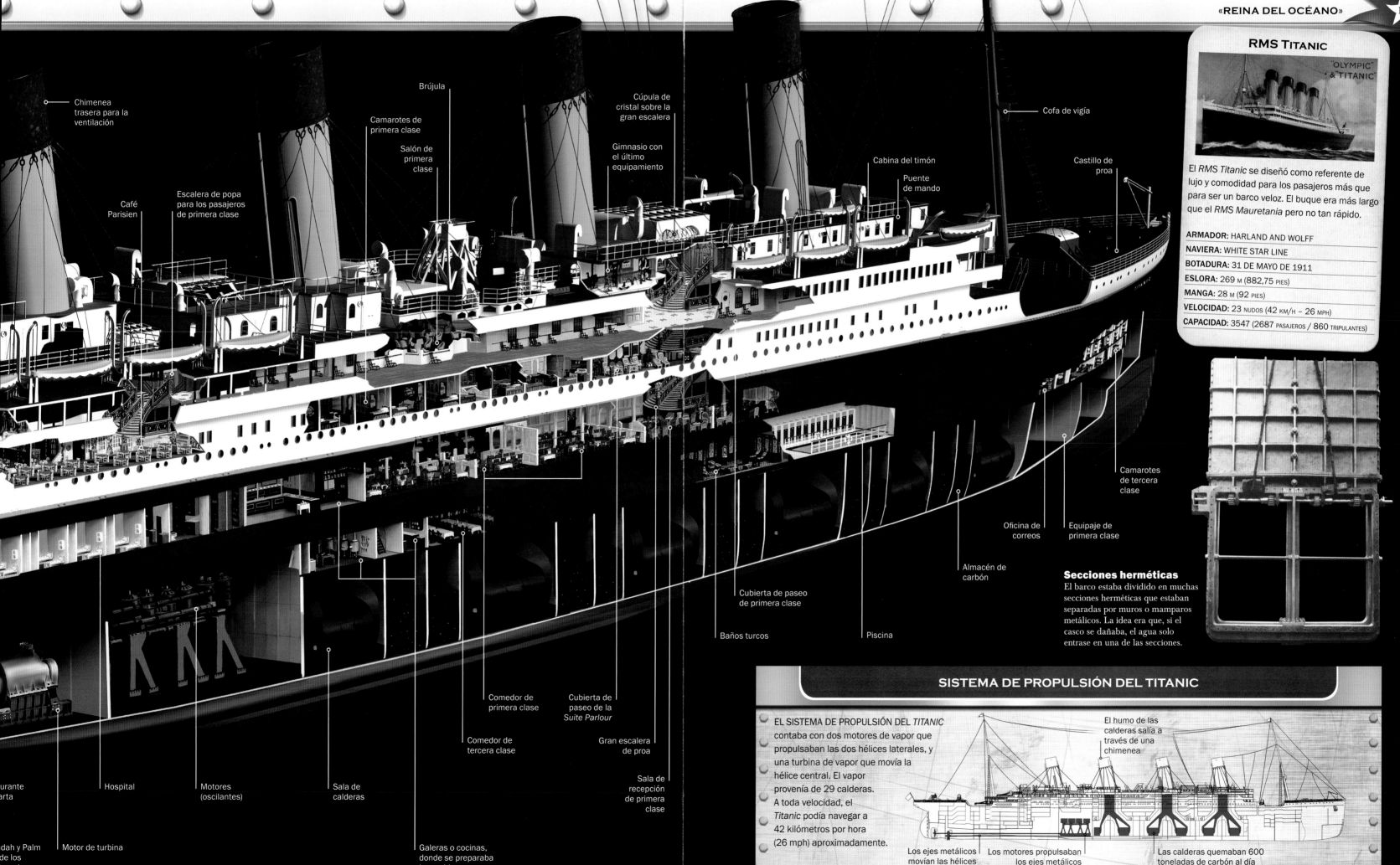

Chimenea
trasera para la
ventilación

Café
Parisien

Escalera de popa
para los pasajeros
de primera clase

Brújula

Camarotes de
primera clase

Salón de
primera
clase

Cúpula de
cristal sobre la
gran escalera

Gimnasio con
el último
equipamiento

Cabina del timón

Puente
de mando

Cofa de vigía

Castillo de
proa

RMS Titanic

"OLYMPIC"
& TITANIC

El *RMS Titanic* se diseñó como referente de
lujo y comodidad para los pasajeros más que
para ser un barco veloz. El buque era más largo
que el *RMS Mauretania* pero no tan rápido.

ARMADOR: HARLAND AND WOLFF

NAVIERA: WHITE STAR LINE

BOTADURA: 31 DE MAYO DE 1911

ESLORA: 269 M (882,75 PIES)

MANGA: 28 M (92 PIES)

VELOCIDAD: 23 NUDOS (42 KM/H – 26 MPH)

CAPACIDAD: 3547 (2687 PASAJEROS / 860 TRIPULANTES)

Camarotes
de tercera
clase

Oficina de
correos

Equipaje de
primera clase

Almacén de
carbón

Secciones herméticas
El barco estaba dividido en muchas
secciones herméticas que estaban
separadas por muros o mamparos
metálicos. La idea era que, si el
casco se dañaba, el agua solo
entrase en una de las secciones.

Cubierta de paseo
de primera clase

Baños turcos

Piscina

Comedor de
primera clase

Cubierta de
paseo de la
Suite Parlour

Comedor de
tercera clase

Gran escalera
de proa

Sala de
recepción
de primera
clase

urante
arta

Hospital

Motores
(oscilantes)

Sala de
calderas

dah y Palm
de los
tomaban

Motor de turbina

Galeras o cocinas,
donde se preparaba
la comida

SISTEMA DE PROPULSIÓN DEL TITANIC

EL SISTEMA DE PROPULSIÓN DEL *TITANIC*
contaba con dos motores de vapor que
propulsaban las dos hélices laterales, y
una turbina de vapor que movía la
hélice central. El vapor
provenía de 29 calderas.
A toda velocidad, el
Titanic podía navegar a
42 kilómetros por hora
(26 mph) aproximadamente.

El humo de las
calderas salía a
través de una
chimenea

Los ejes metálicos
movían las hélices

Los motores propulsaban
los ejes metálicos

Las calderas quemaban 600
toneladas de carbón al día

El puente más grande del mundo sostenía una grúa para mover los materiales pesados.

Navíos gemelos

El *Titanic* y el *Olympic* fueron construidos a la vez en el astillero de Harland and Wolff. Aquí fue donde los trabajadores cubrieron los esqueletos metálicos del barco con una capa exterior de placas de acero.

Transporte tirado por caballos para entregar materiales pesados.

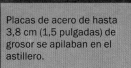

Placas de acero de hasta 3,8 cm (1,5 pulgadas) de grosor se apilaban en el astillero.

ARMADORES

HARLAND AND WOLFF comenzaron con un pequeño astillero en Queen's Island, Belfast, que llegó a convertirse en la compañía armadora más grande del mundo. El temprano éxito de la compañía se debió a los conocimientos de ingeniería de Edward J. Harland. Sus barcos tenían puentes metálicos para hacerlos más fuertes y cascos de fondo plano para que pudieran soportar más carga. Tras la muerte de Harland en 1895, William James Pirrie se hizo cargo y condujo la compañía consiguiendo mayores éxitos con la construcción de los buques de la White Star. Thomas Andrews, jefe de diseño, era sobrino de lord Pirrie.

La grada de hormigón del Astillero Sur de Belfast tenía 1,5 metros (4,5 pies) de grosor para sostener el gran peso de los cascos.

Harland & Wolff's South Yard, Belfast

WHITE STAR ROYAL MAIL STEAMER "OLYMPIC"

Los trabajadores del astillero

El astillero contrató cerca de 10 000 personas, incluyendo ingenieros cualificados y trabajadores especializados, como caldereros y remachadores. Otros trabajadores eran artesanos que se dedicaron al mobiliario y a los accesorios de lujo.

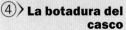

NACIMIENTO DE UN TITÁN

ALREDEDOR DEL AÑO 1909, el astillero Harland and Wolff de Belfast se convirtió en un hervidero de noticias con el comienzo de la construcción del buque más grande del mundo. El astillero se había modernizado recientemente y se habían añadido diques secos especiales para albergar al *Titanic* y a su gemelo, el *Olympic*. Un ejército de obreros cualificados trabajó duro para poner la quilla, construir el casco del *Titanic* y después colocar sus motores, calderas, chimeneas y equipar los interiores. El proceso duró alrededor de tres años. La construcción del *Titanic* se desarrolló en diferentes etapas. Primero, se colocó la quilla y después, se puso un armazón de acero que se cubrió con placas del mismo material. Acabado el casco, se botó y se trasladó a un muelle cercano, donde se terminó de equipar conforme a las especificaciones de los diseñadores.

① La colocación d[...]
El primer trabajo f[...]
colocar la quilla. Esta la[...]
de metal estaba dispu[...]
de la base del casc[...]
«espina dors[...]

② El levantamiento del armazón
El armazón se construyó a partir de trescientas secciones de acero aproximadamente. Cada pieza de acero se colocaba en una determinada cubierta y se doblaba con una forma curva específica.

③ Construcción de las cubiertas internas
Las estructuras de acero se añadieron en el interior del armazón para soportar las cubiertas. En 1910, los constructores alcanzaron la cubierta C, situada en la parte superior del barco.

WHITE STAR ROYAL MAIL STEAMER "TITANIC"

④ La botadura del casco
Dos años después de que la construcción comenzara, cerca de cien mil personas contemplaron cómo el casco completamente cerrado, el objeto flotante más grande del mundo, se deslizaba lentamente por la grada hacia el agua.

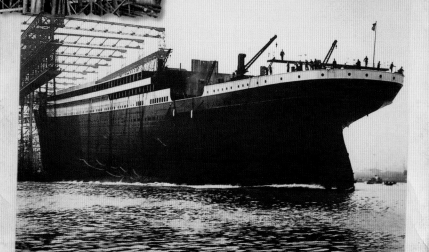

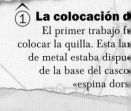

Cámara plegable de bolsillo de 1912.

5 La carga de las calderas

Las calderas se bajaron cuidadosamente hasta colocarlas dentro del casco. Los motores de vapor y la turbina se pusieron juntos a bordo.

6 La elevación de las chimeneas

Cada una de las chimeneas tenía 19 metros (62 pies) de altura. Fue necesaria una enorme grúa en el muelle para elevarlas hasta el barco e instalarlas en su posición.

7 El equipamiento de los camarotes

Una vez que los ingenieros y operarios instalaron el equipo pesado necesario para propulsar el *Titanic*, se equiparon los numerosos camarotes que había a bordo.

8 La sujeción de las hélices

Las tres hélices estaban hechas de hierro fundido. Las dos hélices externas, que eran las más grandes, tenían cuatro veces la altura de una persona.

LA CARGA DEL BARCO

ANTES DE QUE LOS PASAJEROS SUBIERAN al *Titanic*, un pequeño ejército de trabajadores cargaron el barco con todas las provisiones necesarias para el viaje. Muchos otros objetos de la carga (algunos bastante exóticos) pertenecían a los pasajeros. La carga del *Titanic* incluía todo tipo de cosas, desde un coche Renault hasta cajas con bolígrafos, plumas, cámaras y velas. Todo tenía que bajarse cuidadosamente a la bodega y ser apilado de forma segura.

PROVISIONES PARA EL VIAJE

Alimentar a los pasajeros y miembros de la tripulación requería una cantidad increíble de comida y bebida. Había 34 019 kilogramos (75 000 libras) de carne fresca, 40 000 huevos, 4530 kilogramos (10 000 libras) de azúcar y 7000 lechugas. Supuso un enorme esfuerzo cargar el barco con todas estas provisiones.

CLASES DE VAJILLAS

EL BARCO PARTIÓ DE SOUTHAMPTON con cerca de 56 700 piezas de vajilla a bordo, la mayoría hechas especialmente para el *Titanic*. Los platos, tazones, copas y platillos utilizados por los pasajeros de tercera clase eran muy sencillos en comparación con la vajilla decorada en oro de alta calidad que utilizaron los pasajeros de primera clase.

Platos recuperados del fondo del mar.

200 barriles de harina.

2721 kilogramos (6000 libras) de mantequilla.

36 000 kilogramos (40 toneladas) de patatas.

4990 kilogramos (11 000 libras) de pescado fresco.

40 000 huevos.

20 000 botellas de cerveza y 1500 botellas de vino.

THIS WAY UP

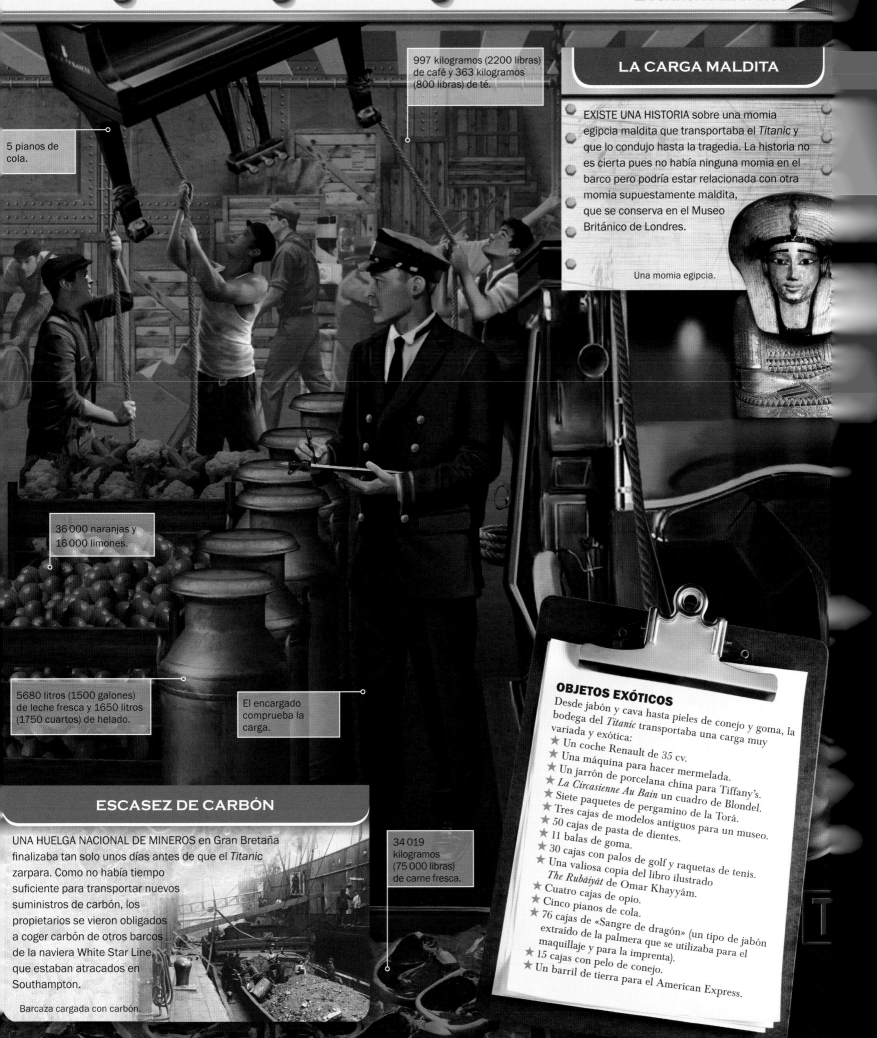

997 kilogramos (2200 libras) de café y 363 kilogramos (800 libras) de té.

5 pianos de cola.

36 000 naranjas y 16 000 limones.

5680 litros (1500 galones) de leche fresca y 1650 litros (1750 cuartos) de helado.

El encargado comprueba la carga.

34 019 kilogramos (75 000 libras) de carne fresca.

LA CARGA MALDITA

EXISTE UNA HISTORIA sobre una momia egipcia maldita que transportaba el *Titanic* y que lo condujo hasta la tragedia. La historia no es cierta pues no había ninguna momia en el barco pero podría estar relacionada con otra momia supuestamente maldita, que se conserva en el Museo Británico de Londres.

Una momia egipcia.

ESCASEZ DE CARBÓN

UNA HUELGA NACIONAL DE MINEROS en Gran Bretaña finalizaba tan solo unos días antes de que el *Titanic* zarpara. Como no había tiempo suficiente para transportar nuevos suministros de carbón, los propietarios se vieron obligados a coger carbón de otros barcos de la naviera White Star Line, que estaban atracados en Southampton.

Barcaza cargada con carbón.

OBJETOS EXÓTICOS

Desde jabón y cava hasta pieles de conejo y goma, la bodega del *Titanic* transportaba una carga muy variada y exótica:

★ Un coche Renault de 35 cv.
★ Una máquina para hacer mermelada.
★ Un jarrón de porcelana china para Tiffany's.
★ *La Circasienne Au Bain* un cuadro de Blondel.
★ Siete paquetes de pergamino de la Torá.
★ Tres cajas de modelos antiguos para un museo.
★ 50 cajas de pasta de dientes.
★ 11 balas de goma.
★ 30 cajas con palos de golf y raquetas de tenis.
★ Una valiosa copia del libro ilustrado *The Rubáiyát* de Omar Khayyám.
★ Cuatro cajas de opio.
★ Cinco pianos de cola.
★ 76 cajas de «Sangre de dragón» (un tipo de jabón extraído de la palmera que se utilizaba para el maquillaje y para la imprenta).
★ 15 cajas con pelo de conejo.
★ Un barril de tierra para el American Express.

COMIENZA EL VIAJE

FUE UN MIÉRCOLES, 10 DE ABRIL DE 1912, cuando el *Titanic* estuvo finalmente listo para zarpar desde el muelle de Southampton. Casi mil pasajeros subieron a bordo aquella mañana, 885 oficiales y el resto de la tripulación ocuparon sus puestos. A las 9:30 h, Bruce Ismay, director general de la naviera White Star Line y el arquitecto naval, Thomas Andrews, subieron a bordo para inspeccionar el barco. A media mañana todo estaba listo para zarpar.

LA DESPEDIDA

Mientras entusiastas espectadores observaban la partida desde el muelle, potentes remolcadores llevaban al *Titanic* desde el muelle hasta el río Test. El capitán dio la orden de encender los motores y la sirena del barco (la más grande hasta ese momento) sonó anunciando que iba a zarpar. Mientras se alejaba del puerto, apenas pudo evitar una colisión con el buque *New York*.

Carteles
El primer viaje del *Titanic* se anunciaba con coloridos carteles.

Escalas
El *Titanic* hizo escala en Cherburgo, Francia, y después paró en Queenstown (ahora Cobh), Irlanda, antes de tomar rumbo hacia el Atlántico.

Queenstown

Southampton

Hacia Nueva York

Cherburgo

Embarcaciones para el equipaje
El *Titanic* ancló entre los rompeolas de Cherburgo y en la bahía de Queenstown porque ninguno de estos puertos era lo suficientemente grande para albergarlo. Embarcaciones auxiliares o *tenders* transportaban a los pasajeros junto con sus equipajes hasta el barco. Había dos botes auxiliares propiedad de la compañía White Star en cada uno de los puertos: *Nomadic* y *Traffic* en Cherburgo, e *Ireland* y *America*, que se muestran en el dibujo inferior, en Queenstown.

TITANIC
WHITE STAR LINE
The World's Largest Liner
SOUTHAMPTON ~ NEW YORK
VIA CHERBOURG & QUEENSTOWN

AL BORDE DE LA TRAGEDIA

MIENTRAS EL TITANIC ZARPABA de Southampton, estuvo a punto de colisionar con el buque *New York,* que estaba atracado cerca. La tragedia pudo evitarse gracias a que el *Titanic* invirtió sus motores y un remolcador cercano pudo arrastrar al *New York* para apartarlo.

La potencia de los motores del barco succionaban al *New York.*

El *New York* es arrastrado desde su amarre.

El remolcador *Vulcan.*

1. Zarpando del puerto

Cuando el *Titanic* comenzó a moverse, sus motores formaron un gran oleaje, provocando la rotura de amarras del *New York.*

2. Por poco

El *New York* fue remolcado justo cuando el *Titanic* iba a invertir sus motores. Sin embargo, el *Vulcan* y otro remolcador más consiguieron evitar que ambos barcos colisionaran.

3. Todo acabó bien

La tripulación de ambos remolcadores consiguieron alejar al *New York* y el *Titanic* continuó con su primer viaje.

Las altas chimeneas alejaban el humo y los gases de los pasajeros alojados en las cubiertas superiores.

Pasajeros y miembros de la tripulación miran hacia el muelle.

La despedida

Muchas personas, incluidos los amigos y familiares de los pasajeros, despidieron el barco agitando sus manos desde el muelle del puerto.

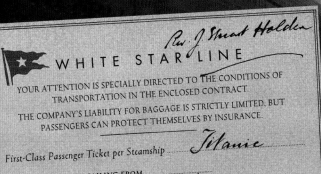

Rev. J. Stuart Holden

WHITE STAR LINE

YOUR ATTENTION IS SPECIALLY DIRECTED TO THE CONDITIONS OF TRANSPORTATION IN THE ENCLOSED CONTRACT.

THE COMPANY'S LIABILITY FOR BAGGAGE IS STRICTLY LIMITED, BUT PASSENGERS CAN PROTECT THEMSELVES BY INSURANCE.

Titanic

First-Class Passenger Ticket per Steamship

SAILING FROM

10/4 1912

Un billete sin utilizar

Este billete perteneció al reverendo Holden, que no pudo viajar a bordo del *Titanic* porque su esposa enfermó.

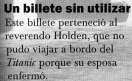

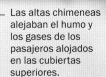

EN EL PUENTE

EL PUENTE DE MANDO, UNA PLATAFORMA ALTA abierta por los lados y dotada de un gran ventanal que miraba a proa, era el nervio central del *Titanic*. Muchos oficiales y marineros trabajaban allí observando el horizonte, dando órdenes a la sala de máquinas y trazando el curso del barco. Los teléfonos y telégrafos se utilizaban para comunicar el puente con otras partes del barco. Había mandos para abrir y cerrar los mamparos herméticos del casco y enviar señales a través de la sirena cuando había niebla.

EL CAPITÁN EDWARD JOHN SMITH

El capitán Edward John Smith había trabajado para la compañía White Star Line durante más de 30 años. En 1912, ya había cumplido 60 años, y como capitán senior de la naviera White Star, había estado al mando de grandes cruceros como el *Baltic*. Esperaba retirarse después de su viaje en el *Titanic* pero pereció en el hundimiento.

El capitán Edward John Smith.

Los oficiales del puente de mando utilizaban el telégrafo para comunicarse con el motor principal y mandar órdenes a la sala de máquinas (parar o indicar un cambio de velocidad).

La importantísima brújula del barco estaba colocada en un lugar denominado bitácora, situado en el centro del puente.

EL TELÉGRAFO DEL PUENTE

UN MIEMBRO DE LA TRIPULACIÓN giraba una manivela para señalar dónde debía mandarse la orden. Una serie de cables comunicaban este telégrafo con otro similar colocado en otra parte del barco, como por ejemplo, la sala de máquinas, en donde otro miembro de la tripulación podía leer la orden que se había mandado.

Puente de popa   Puente de mando

Los cables transmitían las órdenes entre los tres telégrafos principales del barco.

Maniobra ■
Atraque /Timón ■
Motor de emergencia ■
Motor principal ■

El telégrafo, que se utilizaba para enviar mensajes en el momento de atracar el barco, comunicaba el puente de mando con el puente de popa.

Este timón se utilizaba para gobernar el barco cuando hacía buen tiempo y durante las maniobras en el puerto.

LA COFA DE VIGÍA

LA COFA DE VIGÍA era una plataforma situada en el mástil de proa superando la altura del puente de proa en unos 15,25 metros (50 pies), accesible a través de una escalera metálica. La noche de la colisión, los marineros que estaban en la cofa de vigía recibieron órdenes de estar atentos por si avistaban icebergs.

Fred Fleet y Reginald Lee en la cofa de vigía.

Fred Fleet, vigía.

El puente

La cofa de vigía

Un oficial observaba el horizonte con unos prismáticos de gran alcance.

Este telégrafo se utilizaba durante las maniobras para recibir los mensajes sobre los movimientos de atraque o maniobras realizadas en el puente de popa.

Un oficial comprueba las cartas de navegación sobre la mesa.

El capitán a menudo subía al puente, donde daba órdenes y mantenía el contacto con los oficiales.

Telégrafo que comunicaba el segundo motor principal.

EN LAS CALDERAS

LOS MOTORES DEL *TITANIC* FUNCIONABAN a vapor, generado por 29 calderas. El carbón se introducía con palas dentro de estas calderas, donde se quemaba para producir el calor que hervía el agua y se convertía en vapor. Un equipo de 176 fogoneros, que trabajaban por turnos, vigilaban las calderas. Su trabajo consistía en avivar continuamente el fuego de los hornos con carbón y vigilarlo constantemente para asegurar que este ardiera a una temperatura correcta. Era un trabajo duro (el equipo movía con palas cientos de toneladas de carbón diariamente con un calor abrasador). Sin embargo, este trabajo también era cualificado porque los fogoneros tenían que dejar el carbón de manera uniforme en los hornos para asegurar que ardiera de forma adecuada. También era importante avivar los hornos rápidamente puesto que perdían calor al abrir sus puertas.

Alimentando las calderas

Los fogoneros introducían con palas grandes cantidades de carbón en los tres hornos de cada caldera. Habitualmente, trabajaban por turnos de cuatro horas pues el calor de la sala de calderas era intenso y a menudo llegaba a alcanzar 50 °C (120 °F).

LOS FOGONEROS

LA MAYORÍA DE LOS FOGONEROS DEL *TITANIC* provenían de Southampton, en la costa sur de Inglaterra, donde mucha gente trabajaba en la industria naval. Se les conocía como fogoneros porque avivaban los hornos de las calderas con carbón. Se trataba de hombres corpulentos y fuertes con mucha energía. La mayoría ya se conocían entre ellos porque habían trabajado juntos en otros barcos. Algunos fogoneros consiguieron sobrevivir a la tragedia.

Se dice que un fogonero, conocido como Turner, se convirtió en «el hombre que no pudo ser ahogado» porque sobrevivió a varias tragedias, como las sufridas por el *Lusitana* y el *Titanic*. Sin embargo, su nombre no figuraba en la lista de la tripulación del *Titanic* y su historia parece ser un mito.

PROPULSIÓN DEL TITANIC

LA MAYOR PARTE DE LA POTENCIA DEL *TITANIC* provenía de dos enormes turbinas. Estaban en continuo funcionamiento y consumían grandes cantidades de carbón y agua.

Sabías qué:

★ Cada turbina tenía una potencia de aproximadamente 16 000 CV, que equivaldría a unos cien autos de tamaño medio familiar.

★ Cada turbina pesaba alrededor de 1000 toneladas y tenía unos 9 metros (30 pies) de altura (aproximadamente la altura de un edificio de tres plantas).

★ El *Titanic* transportaba alrededor de 8000 toneladas de carbón para alimentar las turbinas durante su travesía por el Atlántico.

La sala de máquinas de un crucero de la clase *Olympic*.

UN LUJO ASIÁTICO

LOS PASAJEROS EXPERIMENTADOS EN VIAJES EN BARCO estaban impresionados con el lujo del *Titanic* (algunos incluso dijeron que el barco era como un palacio). Los pasajeros de primera clase estaban realmente impresionados por las grandes salas de recepción y los comedores, en donde podían relajarse y comer en un entorno de cinco estrellas. Las habitaciones estaban elegantemente decoradas con paneles de madera fina, techos de rica escayola y lujosas alfombras y cortinas.

SOLO LO MEJOR

Los pasajeros de primera clase disfrutaron de un lujoso alojamiento que les recordaba más a las habitaciones de un gran hotel o una casa señorial que a los pequeños camarotes de otros barcos. Sus baños disponían de agua corriente fría y caliente, y sus salones, que tenían ventanas tipo «ojo de buey» para ventilar la estancia, estaban vestidos con muebles de la mejor calidad. Algunos pasajeros, incluso, tenían su propia cubierta de paseo.

Las zonas de primera clase

Muchos de los camarotes de primera clase y salas de recepción se localizaban en la mitad del barco, cerca de las dos grandes escaleras.

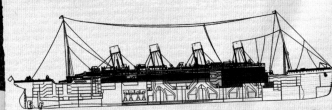

- ■ Escaleras de primera clase
- ■ Comedor
- ■ Balneario
- ■ Cafés
- ■ Salones
- ■ Camarotes

STAIRCASE R.M.S. TITANIC

La gran escalera

Esta escalera con paneles de roble estaba decorada con estatuas, tallas y una balaustrada de hierro. Una enorme cúpula de cristal dejaba pasar la luz natural, aportando más claridad al interior, iluminado por las lámparas de latón colocadas en paredes y techos.

Café Parisien

Este café era una sala iluminada por el Sol gracias a un gran ventanal, que tenía en uno de sus lados. Los pasajeros se sentaban en pequeñas mesas con un estilo menos formal que en el comedor principal.

FIRST CLASS
7
WHITE STAR LINE

El comedor de primera clase

Esta era la sala más grande del barco. Medía cerca de 35 metros (114 pies) de largo y tenía capacidad para más de 500 comensales.

Chapa que llevaban los camareros que atendían los camarotes de primera clase.

Camarotes de primera clase

Los pasajeros de primera clase se alojaban en camarotes con grandes y cómodas camas. Los viajeros más ricos pagaron suites que disponían de varios dormitorios (imágenes de la derecha) e incluso una cubierta privada para pasear al aire libre (imagen de abajo a la derecha).

Salón de primera clase

Los pasajeros de primera clase se relajaban en un salón (imagen superior), en donde leían y escribían cartas en una atmósfera tranquila y confortable. La sala era especialmente frecuentada por las mujeres, mientras que los hombres se reunían en las zonas de fumadores.

El balneario del Titanic

Los pasajeros nadaban en la piscina o utilizaban el moderno equipamiento del gimnasio, como la máquina de remo o el camello eléctrico. Después, podían relajarse en el lujoso baño turco.

Baño turco

Gimnasio

Piscina

UNA GRAN NOCHE

LO MEJOR A BORDO del *Titanic* era la cena. En primera clase, la cena se servía en una secuencia de varios platos, elaborados por chefs altamente cualificados, e iban acompañados de los mejores vinos. La cena era una gran ocasión fastuosa en donde los pasajeros iban vestidos con sus mejores galas, brindándoles la oportunidad de ponerse al día con viejos amigos, entablar nuevas amistades o conversar sobre lo sucedido a bordo durante el día.

REUNIONES

Un poco antes de la cena, los pasajeros de primera clase abandonaban sus lujosos camarotes, descendían la gran escalera y se reunían en la sala de recepción cercana al comedor. Allí bebían cócteles con el capitán Smith y probablemente también con algún oficial de alto rango.

Historias del TITANIC
JOHN Y MADELEINE ASTOR

Los Astors eran una de las parejas más adineradas a bordo del *Titanic*. John Astor, que provenía de una rica familia, había hecho fortuna con negocios inmobiliarios como el hotel Waldorf Astoria de Nueva York. Su matrimonio con Madeleine Force, que tenía dieciocho años, causó un gran escándalo social.

John y Madeleine Astor.

MARGARET «MOLLY» BROWN

Margaret provenía de una familia pobre americana pero su marido amasó una gran fortuna gracias a la industria minera de Colorado. Margaret destinó su dinero para fundar obras de caridad para niños y mujeres. También viajaba con frecuencia e hizo muchos viajes alrededor del mundo.

Margaret Brown.

Joyas preciosas

Las señoras adineradas lucían sus joyas más refinadas, que brillaban con piedras preciosas como rubíes, diamantes y zafiros.

LADY DUFF GORDON

Lucy Duff Gordon, la esposa del terrateniente escocés sir Cosmo Duff Gordon, tenía una exitosa carrera como diseñadora de moda, conocida por el nombre de «Lucile». Era famosa por sus diseños de trajes de noche y se decía que era una de las mujeres más elegantes del *Titanic*.

Lucy Duff Gordon.

Preciosos vestidos de noche

Vestirse para la cena brindaba la oportunidad a las pasajeras de primera clase de presumir con sus mejores vestidos de gala.

R.M.S. TITANIC

APRIL 10, 1912.

HORS D'ŒUVRE VARIÉS

CONSOMMÉ RÉJANE   CRÈME REINE MARGOT

TURBOT, SAUCE HOMARD
WHITEBAIT

MUTTON CUTLETS & GREEN PEAS
SUPRÊME OF CHICKEN À LA STANLEY

SIRLOIN OF BEEF, CHÂTEAU POTATOES
ROAST DUCKLING, APPLE SAUCE
FILLET OF VEAL & BRAISED HAM

CAULIFLOWER   SPINACH
BOILED RICE
BOVIN & BOILED NEW POTATOES

PLOVER ON TOAST & CRESS
SALAD

PUDDING SANS SOUCI
CHARLOTTE COLVILLE
GRANVILLES

FRENCH ICE CREAM

Comidas para recordar

Los pasajeros de primera clase saborearon la comida que se servía en los mejores restaurantes. Aperitivos, sopa y pescado precedían deliciosas carnes (incluyendo exóticos tipos como la de un ave llamada «chorlito») con salsas y verduras.

LAS OTRAS CLASES

CERCA DE LAS TRES CUARTAS PARTES de los pasajeros del *Titanic* viajaban en segunda o tercera clase. Pagaron menos por sus billetes y sus instalaciones no eran tan lujosas como las de primera clase. Los pasajeros de segunda clase viajaban en cómodos camarotes, disfrutaban de amplias zonas comunes y compartían algunas instalaciones con primera clase, como la biblioteca. Por el contrario, los pasajeros de tercera clase a menudo dormían en camarotes para seis personas y solo disponían de una sala común, una zona para fumadores y tenían limitadas las zonas de la cubierta.

ALTO NIVEL
La White Star Line se jactaba de que la segunda clase del *Titanic* era tan lujosa como la primera clase de muchos otros barcos. Aquellos que viajaban en segunda clase tenían su propio comedor y cubierta de paseo, en donde podían relajarse y conversar con otros pasajeros.

Los camarotes de segunda clase
Tenían dos o cuatro literas con una cortina rodeándolas. No disponían de agua corriente ni fría ni caliente y los pasajeros tenían que utilizar baños comunes.

LA VIDA EN TERCERA CLASE

La vida social en tercera clase (situada en el entrepuente) se centraba en la sala común, donde los pasajeros se sentaban, conversaban y organizaban actividades para su propio entretenimiento. La gran mayoría de los 170 pasajeros de tercera clase provenían de Irlanda y emigraban a América para comenzar una nueva vida.

Un grupo de músicos tocaba música tradicional irlandesa utilizando un piano, violines, tambores y gaitas; mientras otros pasajeros bailaban y charlaban.

INSPECCIÓN E INMIGRACIÓN

LOS PASAJEROS DE TERCERA CLASE eran gente pobre que viajaba con poco equipaje. Cada pasajero llevaba una tarjeta de inspección de color verde indicando su nombre, último país de residencia, nombre del barco y puerto de salida. Se hizo de este modo para facilitar a las autoridades de inmigración la llegada de los pasajeros a Nueva York.

Tarjeta de inspección de tercera clase.

CARTAS A CASA

INCLUSO PARA LOS PASAJEROS acostumbrados a viajar por mar, un apasionante viaje a bordo del crucero más grande del mundo era el viaje de su vida. A muchos pasajeros les entusiasmaba la idea de contar todos los detalles a sus amigos. Se sentaban en el café o la biblioteca y escribían cartas a casa, plasmando todas sus impresiones del fantástico viaje sobre el papel, cuando aún todo estaba fresco en la memoria. Se conservan pocas cartas porque la mayoría de ellas se hundieron en el fondo del mar.

Pasajeros haciendo ejercicio en el gimnasio.

Se podían mandar mensajes a casa por telegrafía inalámbrica.

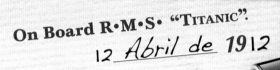

On Board R·M·S· "TITANIC".

12 Abril de 1912

Querida Carrie,

Estamos pasando momentos maravillosos durante el viaje. Nuestras literas son cómodas y tenemos mucho espacio en el camarote pero la mayor parte de nuestro tiempo lo pasamos en las zonas comunes y en la cubierta. Jack disfruta en el gimnasio y dice que va a comprar una bicicleta estática como la que hay a bordo, cuando llegue a casa.

Me encanta el Café Verandah, en donde estoy sentada ahora, disfrutando de una deliciosa taza de café. Muchas de las mujeres de primera clase vienen aquí por las tardes y ya he entablado nuevas amistades en el barco. La verdad es que el comedor es muy elegante también. Esta noche hemos recibido una invitación para cenar en la mesa del capitán Smith, ¡un gran honor!

La hora del té en el mar

El Café Verandah y Palm Court tenían grandes ventanales con vista al mar. Aquí se servía el té de la tarde a los pasajeros de primera clase.

Juegos de cartas en el salón

Muchos pasajeros pasaban las horas jugando cartas. En aquella época, el *bridge* era un juego muy popular tanto para los hombres como para las mujeres.

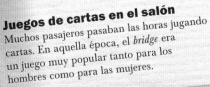

Una postal del Titanic

La White Star Line diseñó postales especialmente para el *Titanic*. Esta postal muestra la grandeza y tamaño en el mar de uno de los barcos de la naviera White Star.

Un paseo

Aunque hacía frío en el Atlántico norte, a los pasajeros les gustaba aprovechar las largas cubiertas de paseo para caminar. También se sacaba a pasear por ellas a los perros que iban a bordo.

Juegos en la cubierta

Los niños salían a la cubierta de primera clase para jugar al aire libre. Esta imagen muestra cómo un niño gira la peonza, mientras su padre le observa.

WHITE STAR LINE.

WHITE STAR LINE

SUEÑOS Y VISIONES

FUTILITY
THE WRECK of THE TITAN

MORGAN ROBERTSON

UNA DE LAS COSAS MÁS EXTRAÑAS sobre la historia del *Titanic* es que, a pesar de ser un barco muy bien construido, hubo quienes predijeron la tragedia. Algunas de estas predicciones provenían de personas que habían reflexionado sobre los peligros y a los que les preocupaba que los transatlánticos no llevaran botes salvavidas suficientes. Otras predicciones venían como advertencias en sueños o visiones, en donde se veía a los pasajeros luchar por mantenerse a flote en heladas aguas o en botes salvavidas navegando a la deriva por el oscuro y frío mar.

La idea de una novela

En su novela *Futility,* publicada en 1898, Morgan Robertson narra la historia de un gran transatlántico, llamado *Titan,* que se hunde en aguas del Atlántico después de chocar con un iceberg. Muchos pasajeros murieron porque no había suficientes botes salvavidas.

Sensación de peligro

Frank Adelman, un violinista de Seattle, tenía previsto volver a casa en el *Titanic* con su esposa, cuando ella tuvo una premonición de peligro, por ello decidieron lanzar una moneda para saber si debían viajar a bordo del *Titanic.* La señora Adelman ganó y cogieron otro barco.

Una pesadilla

El señor Shepherd, un americano que viajaba a Inglaterra por negocios, recibió una carta de su esposa diciéndole que había tenido una pesadilla en donde el *Titanic* se hundía, por ello cambió sus planes y volvió a casa en otro barco.

Una visión repentina

Mientras Blanche Marshal observaba cómo el *Titanic* zarpaba de Southampton, agarraba fuertemente el brazo de su esposo y lloraba diciendo: «Ese barco se va a hundir. Puedo ver cómo cientos de personas luchan por salvar su vida en las aguas heladas».

MALOS AUGURIOS

LOS SUPERSTICIOSOS se preocupaban por la suerte del *Titanic* porque consideraban malos augurios ciertas cosas relacionadas con el barco como:

★ El capitán Smith ya había tenido un accidente grave. Cuando era capitán del *Olympic,* colisionó con el barco *HMS Hawke.*

★ En Queenstown, un fogonero apareció en la parte más alta de la chimenea trasera, asustando a la multitud que observaba el barco desde el muelle.

★ El barco no fue bautizado, aunque esta ceremonia tampoco se hizo con otras embarcaciones de la naviera White Star.

★ En la casa de un empleado de la compañía White Star, un cuadro se cayó al suelo, algo que se considera mal augurio entre los marineros y sus familiares.

Daño causado al *Olympic* por su colisión con el *Hawke.*

El quiromántico egipcio

Durante el viaje por Egipto de una familia canadiense apellidada Fortune, un hombre leyó la palma de la mano a Alice Fortune y le dijo que su vida correría peligro si viajaba por mar. Unos meses después, la familia embarcó en el *Titanic*. Ella, junto con su madre y hermanas, sobrevivió pero su padre y hermano perecieron.

Historias del TITANIC
UNA TRAGEDIA ANUNCIADA

En 1886, el periodista británico William Stead publicó una historia advirtiendo a las compañías navieras de cómo un barco de vapor chocaba contra un iceberg en el Atlántico y se hundía, causando muchas muertes por la falta de botes salvavidas. Stead murió en el hundimiento del *Titanic*.

William Stead.

La visión de una niña muriendo

Durante la noche del 14 de abril de 1912, Rex Sowden, un oficial del Ejército de Salvación Escocés, tuvo la visión de una niña que estaba muriendo. Ella le contó que veía cómo se hundía un gran barco en donde un hombre llamado Wally tocaba un violín y mucha gente se ahogaba.

Una silueta negra

Un francés llamado Michel Navratil viajaba a bordo del *Titanic* con sus dos hijos pequeños. Su esposa soñó con una silueta negra que le entregaba una carta informándole de que su esposo había muerto. Él falleció pero sus hijos lograron sobrevivir.

Historias del TITANIC
LAS LLAVES DEL DESTINO DEL TITANIC

David Blair fue sustituido como segundo oficial del *Titanic* en el último minuto. Cuando dejó el barco en Southampton, accidentalmente se llevó la llave del lugar en donde se guardaban los prismáticos de la cofa de vigía. Si los vigías hubieran utilizado los prismáticos esa noche, posiblemente hubieran avistado el iceberg a tiempo.

¿Hundieron estas llaves el *Titanic*?

Peligro sumergido
Solo una décima parte de un iceberg se ve por encima de la superficie del agua, por eso, los icebergs suponen un gran peligro para la parte sumergida del casco de un barco.

OCURRE LA TRAGEDIA

EN LA NOCHE DEL 14 DE ABRIL DE 1912, casi diez horas después de que el operador de radio hubiera recibido el primer aviso de hielo, los vigías del barco avistaron el iceberg desde la cofa. Los oficiales del puente de mando consiguieron virar el barco ligeramente pero no fue suficiente para evitar la colisión. Al principio, los pasajeros que estaban despiertos mantuvieron la calma porque pensaban que el barco era insumergible. Sin embargo, pronto notaron vibraciones y escucharon cómo el barco chirriaba como un trueno, cuando se rozaba con el hielo. Mientras la tripulación intentaba bombear el agua que entraba en el barco, muchos pasajeros, que se habían despertado por el ruido, se vistieron y dejaron sus camarotes para averiguar lo que estaba pasando.

DEMASIADOS DAÑOS

MIENTRAS EL BARCO RASPABA uno de sus lados contra el iceberg, una serie de agujeros se abrieron en el lado de estribor del casco. El agua entró en cinco compartimentos herméticos, uno más de los que el Titanic podía soportar, con cuatro hubiera permanecido a flote.

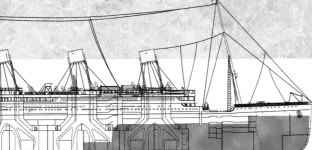

LOS HECHOS
13:42 — 23:53
(HORA DEL PUENTE)

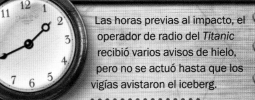

Las horas previas al impacto, el operador de radio del *Titanic* recibió varios avisos de hielo, pero no se actuó hasta que los vigías avistaron el iceberg.

13:42 (14 DE ABRIL)

El capitán del *Baltic* envía un aviso por radio de que hay grandes trozos de hielo por donde navega el *Titanic*.

Hielo avistado en la posición del *Titanic*.

22:48

El operador de radio del *Titanic* recibe un aviso por radio advirtiendo del riesgo de hielo del *Californian*, pero corta el mensaje porque está mandando otro.

23:35

Desde la cofa de vigía, el hielo ahora se ve claramente en el horizonte. El vigía toca tres veces la campana de aviso.

23:36

El puente de mando responde al aviso de la cofa y vira el *Titanic* ligeramente a estribor intentando dirigir el barco hacia la parte sur de la zona de hielo.

23:40

El *Titanic* golpea el iceberg, rajando el casco a lo largo. El lado de estribor del casco se agujerea y el agua comienza a entrar.

Los agujeros del casco iban desde la proa hasta la primera chimenea.

23:53

El capitán Smith ordena que paren los motores por última vez.

Un golpe bajo el agua

El *Titanic* parece que evita ligeramente el iceberg pero choca trágicamente contra el hielo oculto bajo el agua.

¡A LOS BOTES!

UNOS MINUTOS DESPUÉS de la colisión del *Titanic* con el iceberg, el capitán Smith, consciente de que el barco probablemente se hundiría, ordenó a sus hombres que arriaran los botes salvavidas. Muchos pasajeros permanecían todavía en sus camarotes. Algunos incluso dormían. Cuando los miembros de la tripulación dieron la alarma fueron amables y serviciales con los pasajeros de primera y segunda clase. A muchos pasajeros de tercera clase se les impidió subir a las cubiertas.

LA CALMA REINABA EN PRIMERA CLASE

Los miembros de la tripulación llamaban a las puertas de los camarotes de primera clase en las cubiertas superiores del barco, y educadamente pedían a los desconcertados pasajeros que se pusieran ropa de abrigo y sus chalecos salvavidas y salieran a cubierta de forma calmada.

LOS CHALECOS SALVAVIDAS

EL *TITANIC* TENÍA SUFICIENTES CHALECOS SALVAVIDAS para todos los pasajeros de a bordo. Los chalecos tenían cosidos trozos de corcho para que flotaran. El corcho pesaba y era duro, algunas personas que saltaron al agua se golpearon con trozos de corcho que les causaron heridas.

Se utilizaban cintas de tela para atar el chaleco salvavidas.

Historias del TITANIC

WILLIAM MURDOCH

El primer oficial William Murdoch recibió la orden de mandar a todos los pasajeros de primera clase a cubierta y supervisar los botes salvavidas situados en el lado de estribor del barco. Consiguió bajar diez botes, que transportaban aproximadamente a tres cuartas partes de los supervivientes, antes de hundirse con el barco.

Teniente William McMaster Murdoch RNR.

PÁNICO EN TERCERA CLASE

Muchos pasajeros de tercera clase estaban en sus literas situadas justo encima del punto de colisión con el iceberg y el agua ya entraba a borbotones. Cuando los asustados pasajeros intentaron subir a las cubiertas, descubrieron que la salida estaba bloqueada con rejas de acero y vigilada por sobrecargos de cara impávida.

LOS HECHOS
23:53 – 00:25
(HORA DEL PUENTE)

Mientras se preparaban los botes salvavidas muchos miembros de la tripulación ayudaban a los pasajeros, a la vez que el personal clave mantenía en funcionamiento el barco.

23:53
El capitán Smith ordena al oficial jefe Wilde, que prepare los botes salvavidas.

Oficial jefe Henry Tingle Wilde Jr.

00:00 (15 DE ABRIL)
Parte de la tripulación ayuda a los pasajeros a ponerse sus chalecos salvavidas. Otros permanecen en sus puestos en el cuarto de máquinas o en la sala de radio.

Los fogoneros intentan escapar de la inundada sala de máquinas.

00:07
En el fondo de la nave, se inunda una caldera y el agua alcanza 2,4 metros (8 pies) por encima de las calderas.

00:07
Los oficiales ordenan a los miembros de la tripulación que ayuden a los pasajeros a ponerse sus chalecos salvavidas y trasladarlos a la cubierta de los botes.

00:19
El capitán Smith da la orden de arriar los botes salvavidas y comienza así la evacuación del barco.

00:25
En la sala de calderas, los electricistas consiguen que las luces del barco se enciendan de nuevo tras quince minutos de oscuridad.

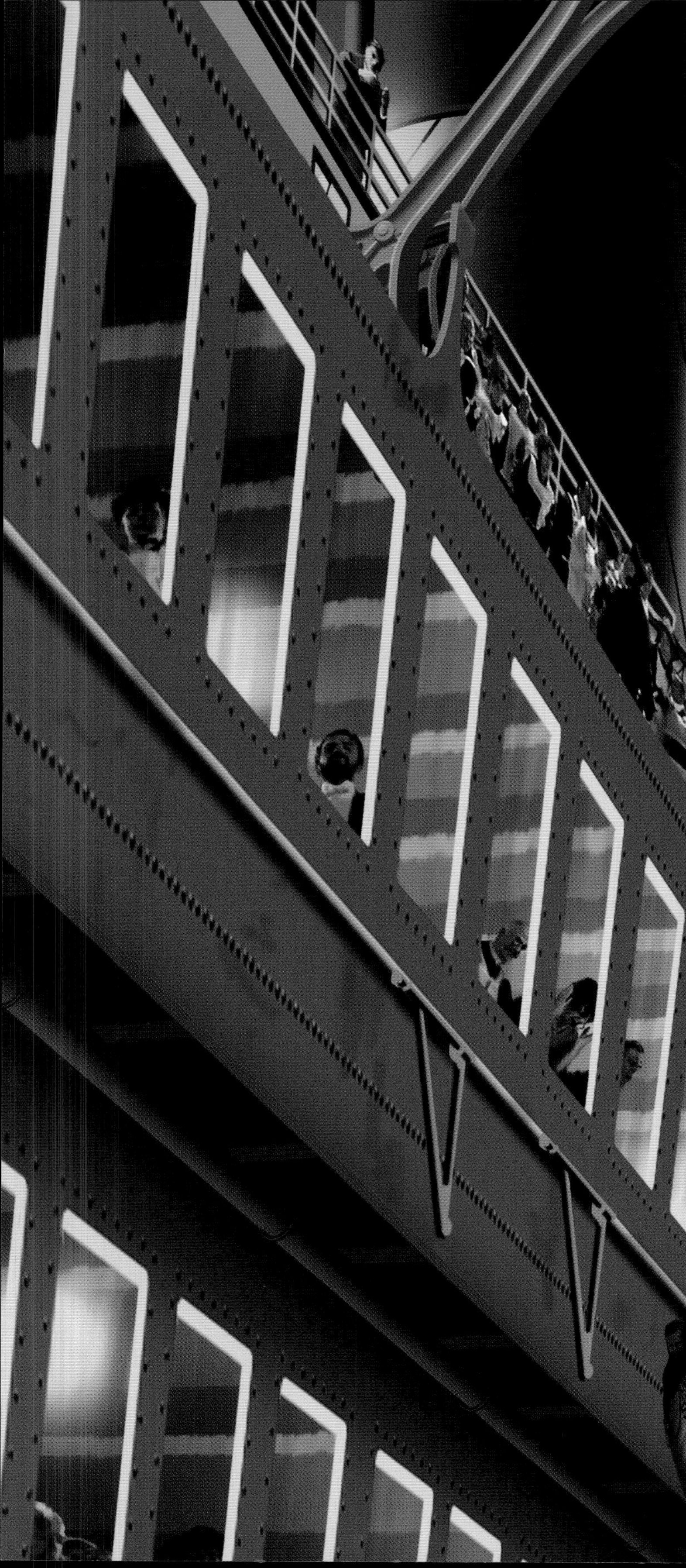

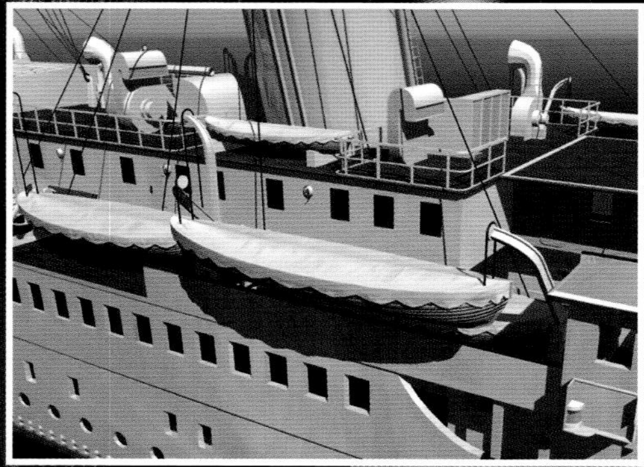

Los botes salvavidas plegables «A» y «B» se guardaban sobre la cubierta de botes.

ARRIANDO LOS BOTES

LOS DIECISÉIS BOTES DE MADERA estaban apilados en la cubierta de botes; cerca se encontraban cuatro botes plegables más. Arriar los botes implicaba sujetarlos a las poleas, llenarlos con pasajeros y bajarlos a un ritmo constante hasta el agua.

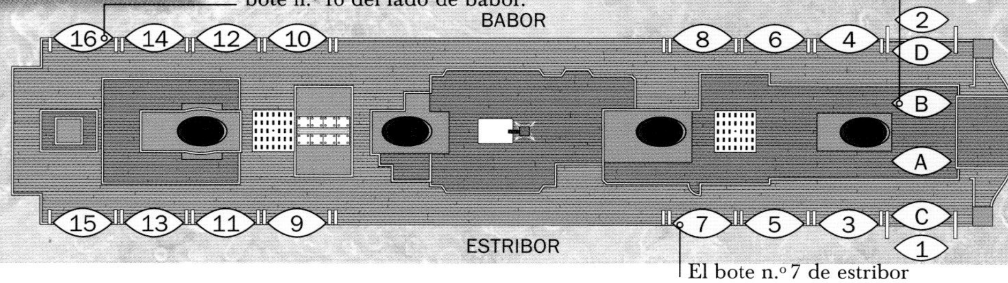
Harold Lowe estaba al mando del bote n.º 16 del lado de babor.
El bote plegable «B» fue el último en salir.
BABOR
16 14 12 10 8 6 4 2 D B A C 1
15 13 11 9 7 5 3
POPA
PROA
ESTRIBOR
El bote n.º 7 de estribor fue el primero en salir.

ABANDONO DEL BARCO

MIENTRAS LOS BOTES SALVAVIDAS se preparaban, las mujeres y los niños eran los primeros en ser evacuados, conforme a la normativa de la época. Por este motivo, la mayoría de los pasajeros que fueron rescatados del hundimiento del barco eran mujeres, junto con algunos miembros de la tripulación que dirigían los botes y algunos hombres que encontraron el modo de escapar. El *Titanic* tenía veinte botes salvavidas (dieciséis botes de madera y cuatro plegables de lona hechos a mano) todos ellos podían llevar a 1178 personas. Aunque este número solo equivalía a la mitad de las personas a bordo del barco.

En el aire
Mientras la tripulación bajaba los botes salvavidas, los aterrorizados pasajeros se quedaban colgados a 18 metros (60 pies) sobre el agua, balanceándose.

LOS HECHOS
00:26 — 01:41
(HORA DEL PUENTE)

Los botes, incluyendo los plegables, se arriaron desde babor y estribor durante un periodo de tiempo de una hora y quince minutos.

00:26

El bote n.º 7 es el primero en ser arriado. La actriz Dorothy Gibson se encuentra entre sus 28 pasajeros.

Dorothy Gibson.

00:35

El bote n.º 5 se arría. Henry Frauental, con su esposa y hermano, salta dentro cuando se está bajando al agua, hiriendo a una señora.

00:42

El bote n.º 1 se arría con solo doce pasajeros a bordo, incluidos sir Cosmo y lady Duff Gordon.

01:36

El bote plegable «C» se arría con 44 personas a bordo, incluido Bruce Ismay, quien posteriormente fue criticado por abandonar el barco.

Uno de los pasajeros salta sobre un bote salvavidas.

01:41

El bote plegable «D» se arría con veintidós personas a bordo. Hugh Woolner y el teniente Steffanson saltan dentro cuando sobrepasa la cubierta A.

Botes fuera

Cuando un bote salvavidas llegaba de forma segura al agua, uno de los miembros de la tripulación a bordo señalaba al marinero de la cubierta que desataba los cabos y estaba preparado para navegar.

LO INEVITABLE

DURANTE LOS ÚLTIMOS MINUTOS DEL BARCO, los pocos botes salvavidas que quedaban se prepararon y llenaron con pasajeros, pero aquellas personas que se quedaron fuera todavía permanecían agrupadas en la cubierta de botes. Muchos eran hombres y cada uno de ellos se enfrentaba al inevitable pensamiento de que probablemente se hundirían con el barco. Se dieron cuenta de que apenas existía la oportunidad de subir a bordo de uno de los botes, incluso habiendo visto que algunos de ellos se habían llenado a la mitad de su capacidad porque los oficiales del barco habían seguido muy estrictamente la norma de «mujeres y niños primero». A pesar de todo, los pasajeros que se quedaron en el barco, consiguieron mantener la calma.

Historias del TITANIC
CHARLES LIGHTOLLER

El segundo oficial Charles Lightoller estaba al mando de preparar los botes salvavidas del lado de babor del *Titanic*. Al final, cuando el barco se hundía, se lanzó al agua y consiguió agarrarse a la parte superior del bote plegable «B». Fue el oficial de mayor rango que consiguió sobrevivir el hundimiento del *Titanic*.

Charles Herbert Lightoller.

Mujeres y niños
Mientras los hombres esperaban en la cubierta, los botes de madera se llenaban con mujeres y niños bajo la estricta supervisión del oficial al mando.

Espere su turno
Los oficiales que estaban en la cubierta pasaron momentos difíciles mientras intentaban controlar a los alterados pasajeros, especialmente cuando los hombres de tercera clase intentaban subirse a bordo de los botes.

La despedida final
Muchos de los hombres que se quedaron a bordo se despidieron de sus seres queridos mientras que los músicos del barco tocaron hasta el final.

Historias del TITANIC

WALLY HARTLEY

El director de la banda y violinista Wallace Hartley se unió a la naviera White Star Line en el viaje inaugural del *Titanic*. Dirigió un quinteto que tocaba durante las cenas, conciertos y servicios religiosos. Al igual que sus músicos, se hundió con el barco.

Wally tocaba el violín con su quinteto.

LOS HECHOS
01:41 — 01:51
(HORA DEL PUENTE)

Mientras el barco se hundía, el casco se escoraba y levantaba drásticamente, lo que hacía difícil que los pasajeros y tripulantes permanecieran en pie.

01:41
El bote plegable «D» se arría desde el lado de babor, este es el último bote que se arría con éxito.

01:43
Mientras el *Titanic* se escora aún más, el capitán Smith intenta estabilizarlo enviando a los pasajeros del lado de babor hacia la parte de estribor del barco.

01:49
El casco del *Titanic* comienza a resquebrajarse y el bote plegable «B» se desliza por la cubierta antes de que alguien pudiera montarse.

01:50
La chimenea n.º 1 se derrumba hacia el lado de babor, causando una ola que vuelca el bote plegable «B».

01:50
Uno de los trabajadores de la cocina, John Collins, cae por la borda a causa del agua. El bebé que sujeta se escapa de sus brazos.

La banda siguió tocando

El director de la banda, Wally Hartley, y los músicos de su banda se unieron al trío del barco para seguir tocando en la cubierta de botes y ayudar a que los pasajeron mantuvieran la calma.

August agarra una de las tumbonas.

01:51
El peluquero del barco, August Welkman, que había caído por la borda, nada hacia algunas tumbonas que flotan en el agua.

EL TITANIC SE HUNDE

EN SUS ÚLTIMOS MOMENTOS, el *Titanic* se escoró y el casco se partió en dos. Mientras se hundía, algunas personas que todavía quedaban a bordo saltaron al océano, donde algunos pasajeros se mantenían a flote aferrándose a los restos del barco o nadando hacia la seguridad de los botes. Muchos supervivientes miraban con horror desde los botes lo que estaba sucediendo, mientras se balanceaban en el océano. La suerte que correrían sus vidas en la helada noche todavía era incierta, mientras tanto esperaban y rezaban para que el rescate llegara.

Hundiéndose por proa

Con la sección de proa hundida, la nariz del barco fue arrastrada bajo el agua, sumergiendo el puente y la sala de los oficiales.

Unas dos terceras partes del barco están sumergidas.

El ángulo aumenta

El peso del agua que había entrado en el barco empujó la nave más hacia el fondo, haciendo que la popa se levantara sobre el agua.

La sección de popa se queda flotando sobre el agua.

La rotura

La gran tensión del hundimiento provocó que el barco se partiera entre la tercera y cuarta chimenea.

Hacia el fondo del océano

La proa del barco se hunde rápidamente hacia el fondo del océano, seguida de una masa de escombros, que incluían calderas, chimeneas y trozos del casco roto.

LOS ÚLTIMOS MOMENTOS

Los aterrorizados pasajeros que quedaban en el barco, todavía lleno de gente, fueron hacia la popa, que era la sección del barco que permanecería flotando sobre el agua. Muchos eran pasajeros de segunda y tercera clase, que se ahogaban mientras el barco desaparecía.

~ *Historias del* **TITANIC** ~
MARGARET «MOLLY» BROWN

En el bote salvavidas n.º 6, el cabo Robert Hichens ignoraba las súplicas de Margaret Brown en socorrer a los supervivientes. Por eso ella instó a otras mujeres a coger los remos y ponerse a remar, por lo que Hichens cedió. Todos llegaron a conocerla como «la insumergible Molly Brown».

La defensora de los derechos de las mujeres americanas, Margaret Brown.

~ *Historias del* **TITANIC** ~
EL HÉROE DEL BOTE SALVAVIDAS

Harold Lowe era el oficial a cargo del bote n.º 14. Al escuchar los gritos de los pasajeros que estaban muriendo en el agua, decidió trasladar a los pasajeros de su bote a otros botes. Después, remó de vuelta y rescató del océano a unos pocos supervivientes que luchaban por salvarse, así como a otros pasajeros de un bote que se estaba hundiendo.

Harold Lowe.

LOS HECHOS
01:51 — 02:03
(HORA DEL PUENTE)

El casco del *Titanic* se partió y desapareció rápidamente. Muchos pasajeros saltaron al agua y algunos sobrevivieron aferrándose a los restos del barco.

01:51
Mientras el barco se escora, los pasajeros que corren hacia la cubierta de la sección de popa (un nivel inferior a la cubierta de botes) se agolpan.

01:56
Mientras el casco se parte, el *Titanic* se escora.

01:56
Hollín del carbón sale por la chimenea n.º 3; las luces de la sección de popa se apagan.

01:57
El americano Jack Thayer ve como la chimenea n.º 2 cae, y salta del lado de estribor del barco al océano.

02:03
La popa del *Titanic* desaparece bajo el agua. Los supervivientes escuchan explosiones bajo el agua, mientras el barco se hunde.

Todos al mar
Los miembros de la tripulación llevaron los botes salvavidas lejos de la zona en donde se había hundido el *Titanic* con la esperanza de encontrar refugio en algún barco que pasara por allí.

La liberación
Cuando uno de los botes alcanzó el *Carpathia*, los pasajeros se prepararon para subir por las escaleras hasta la cubierta.

EL RESCATE

E L BARCO MÁS CERCANO al asolado *Titanic,* era una nave de la naviera Cunard, el *RMS Carpathia*. Este barco se encontraba a unos 93 kilómetros (58 millas) pero cambió su rumbo y navegó por las peligrosas aguas heladas en busca de supervivientes. Cuando el *Carpathia* llegó al lugar, en donde su capitán creía que el *Titanic* debería estar, el enorme barco se había desvanecido y no se veía nada. Entonces, un tripulante del bote salvavidas n.º 2 vio una bengala. Pronto, otros botes alcanzaron el *Carpathia* y los supervivientes subieron a bordo, contando a la impactada tripulación que el *Titanic* se había hundido.

LOS HECHOS
03:30 – 21:25
(HORA DE NUEVA YORK)

El *Carpathia* estuvo varias horas en la zona en donde el *Titanic* naufragó, rescatando los botes y subiendo a todos los supervivientes a bordo.

03:30
Muchos supervivientes de los botes ven los cohetes lanzados, a intervalos de 15 minutos, por la tripulación del *Carpathia*.

04:32
Los supervivientes del bote n.º 2 son los primeros en ser rescatados por el *Carpathia*.

06:02
Otro barco, el *Californian*, se une al *Carpathia* para ayudarle en el rescate de los supervivientes.

06:32
El bote salvavidas n.º 12 (el último en ser rescatado) rodea el *Carpathia*. Más de setenta supervivientes suben a bordo. Lightoller es el último superviviente en subir a bordo.

08:00
El *Carpathia* deja la zona y pone rumbo a Nueva York con 705 supervivientes a bordo. Bruce Ismay envía un radiotelegrama a la oficina de la White Star en Nueva York informando que el *Titanic* ha naufragado.

21:25
(18 DE ABRIL)
El *Carpathia* llega finalmente a Nueva York con miles de personas como testigos.

Salvados al fin
Los supervivientes se agruparon en la cubierta del *Carpathia*. Muchos descubrieron que otros miembros de su familia no habían conseguido salvarse.

Pies congelados
El telegrafista Harold Bride recibió ayuda del *Carpathia* porque sus pies se habían congelado después de permanecer en el agua helada.

Historias del TITANIC
EL CARPATHIA ACUDE AL RESCATE

Cuando el operador de telegrafía inalámbrica a bordo del *Carpathia* recibe la señal de socorro del *Titanic*, su capitán pone rumbo hacia el barco que está hundiéndose. Inmediatamente, se prepararon botiquines de primeros auxilios, bebidas calientes y mantas. Finalmente, el *Carpathia* subió a bordo a 705 supervivientes.

El capitán del *Carpathia*, sir Arthur Henry Rostron.

El *Carpathia* llega a Nueva York.

LA TRAGEDIA DEL TITANIC

HISTORIAS DE SUPERVIVIENTES Y DESAPARECIDOS

LA HISTORIA DEL 14 DE ABRIL DE 1912 se recuerda como una gran tragedia pero la realidad es que había más de dos mil historias personales, desde niños pequeños hasta personas mayores que se encontraron cara a cara con la muerte. La gente reaccionó de diferentes formas pero la mayoría de los hombres siguieron estrictamente la norma de «mujeres y niños primero», renunciando a sus vidas para que las mujeres pudieran subir a los botes y salir del barco de forma segura. Estos hombres, junto con los miembros de la tripulación que atendían a las temblorosas y asustadas mujeres en cubierta, se recuerdan ahora como auténticos héroes.

EL PRESIDENTE DE LA COMPAÑÍA WHITE STAR SOBREVIVE

El presidente de la naviera White Star Line, Bruce Ismay, fue rescatado del bote plegable «C». Mucha gente pensó que, como propietario, debería de haberse quedado a bordo y hundirse con el barco. Incluso llegaron a llamarle cobarde. Sin embargo, hubo quienes estaban en desacuerdo y dijeron que primero ayudó a salvar las vidas de muchas mujeres y niños.

LAS CAMARERAS DEL TITANIC SOBREVIVEN

¿SALVÓ UN SOBORNO LA VIDA DE SIR COSMO?

Sir Cosmo Duff Gordon, un empresario británico, y su esposa Lucy se salvaron del naufragio después de subir al bote n.º 1. Aunque este bote podría haber llevado a más pasajeros, tan solo montaron 12 personas y 7 de ellos eran miembros de la tripulación. Algunas críticas acusaron a Duff Gordon de sobornar a los tripulantes del bote salvavidas para que salieran lo más rápidamente posible pero una investigación oficial demostraría que no existían pruebas de soborno.

Las veinte camareras a bordo del *Titanic* trabajaban como doncellas, la mayoría de ellas en los camarotes y suites de primera clase. Dos de ellas se ocupaban de los baños turcos. Cuando el *Titanic* comenzó a hundirse, las camareras ayudaron a las mujeres de la cubierta, confortándolas y llevándoles mantas para que no pasaran frío. Al principio, la mayoría de las camareras se negaron a subir a los botes. Decían que tenían trabajo en la cubierta y pensaban que debían dar prioridad a las pasajeras y los niños. Sin embargo, Bruce Ismay, dueño del barco, les ordenó subir a los botes por lo que dieciocho de las camareras fueron rescatadas.

«Ustedes son mujeres y deseo que regresen a casa». **BRUCE ISMAY**

MARTES, 23 DE ABRIL DE 1912

LA SUPERVIVIENTE MÁS JOVEN DEL TITANIC

La superviviente de menor edad fue Millvina Dean, un bebé de nueve semanas que viajaba con sus padres y hermano Bertram a Kansas, en América. Sin embargo, el señor Dean pereció en la tragedia, por lo que Millvina, Bertram y su madre regresaron a Inglaterra. Millvina vivió hasta los 97 años, convirtiéndose en la última superviviente del *Titanic*.

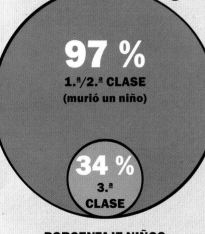

MAGNATE SE HUNDE CON EL BARCO

Benjamin Guggenheim era uno de los hombres de negocios más ricos de América. Dirigía una gran compañía propietaria de minas y fabricaba maquinaria para el sector minero. Guggenheim regresaba a casa a bordo del *Titanic* después de pasar unas vacaciones en Europa con su secretaria y su amante. Su esposa y sus tres hijas se habían quedado en casa, en Nueva York.

CUMPLIENDO CON SU DEBER

Cuando se percató de que el barco se estaba hundiendo, el magnate y su secretaria se pusieron sus mejores trajes de gala y subieron a la cubierta para ayudar a las mujeres y niños a subir a los botes. Pidió a uno de los miembros de la tripulación, que si moría le dijera a su esposa lo siguiente: «He cumplido con mi deber lo mejor que he podido». Siguiendo rigurosamente la norma de «mujeres y niños primero», Guggenheim y su criada se hundieron con el barco.

«Nos hemos vestido con nuestras mejores galas y estamos preparados para hundirnos como caballeros».

BENJAMIN GUGGENHEIM

MILLONARIO CEDE SU SITIO

El millonario promotor inmobiliario, escritor e inventor, John Jacob Astor, regresaba a casa con su nueva y joven esposa, Madeleine, que estaba embarazada. Él la ayudó a subir a un bote, se despidió de ella y vio cómo se alejaba en un bote. Unas horas más tarde, se hundió con el barco.

HOMBRE DE FÉ Y DEVOTO

El padre Thomas Byles fue un sacerdote católico británico que viajaba a Nueva York para oficiar la boda de su hermano menor, William. El domingo por la mañana ofició la misa, primero en segunda clase y después en tercera clase.
Cuando el barco chocó con el iceberg, ayudó a las mujeres y niños a subir a los botes, atendió confesiones y rezó con aquellos que quedaron en el barco enfrentándose a lo inevitable. Rehusó montar en un bote y se ahogó en el barco.

¿QUIÉN SOBREVIVIÓ A LA TRÁGICA NOCHE?

Las mujeres y los niños sobrevivieron a la tragedia en un número mayor al de los hombres porque fueron los primeros en subir a los botes. Las estadísticas de aquellos que sobrevivieron se muestran aquí y también nos enseñan cómo los pasajeros de primera y segunda clase tuvieron una mayor oportunidad de salvarse que los pasajeros que viajaban en tercera clase. Entre la tripulación, muchas más mujeres que hombres pudieron escapar del barco hundido.

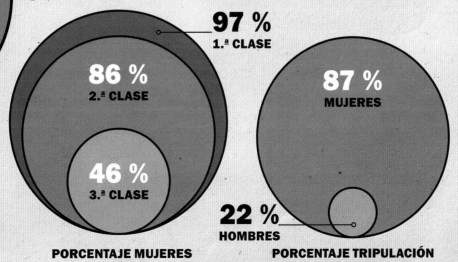

97 %
1.ª/2.ª CLASE
(murió un niño)

34 %
3.ª CLASE

PORCENTAJE NIÑOS

33 %
1.ª CLASE

16 %
3.ª CLASE

8 %
2.ª CLASE

PORCENTAJE HOMBRES

97 %
1.ª CLASE

86 %
2.ª CLASE

46 %
3.ª CLASE

PORCENTAJE MUJERES

87 %
MUJERES

22 %
HOMBRES

PORCENTAJE TRIPULACIÓN

NUNCA MÁS

LA IMPACTANTE NOTICIA DEL NAUFRAGIO hizo que se tomara la determinación de que una tragedia así no volviera a ocurrir. En primer lugar, los barcos se equiparon con suficientes botes salvavidas para todas las personas a bordo. Otras medidas recomendaban que los barcos debían aminorar la marcha en condiciones de hielo y mantener sus radios permanentemente encendidas para que pudieran captar cualquier tipo de señal de auxilio de otros barcos.

DOS MEDIDAS

Tras el naufragio, se tomaron mayores medidas tanto en Nueva York como en Londres. Muchas personas, incluida la tripulación, pasajeros y director de la naviera White Star, tuvieron muy en cuenta lo que pasó aquella fatídica noche. Una de las conclusiones importantes fue, que si el *Californian,* un barco que navegaba en la cercanía, hubiera oído las señales de auxilio del *Titanic,* muchas más personas se hubieran salvado.

Ismay da pruebas

Bruce Ismay insistió que el *Titanic* no iba a toda velocidad. También afirmó que solo subió a un bote cuando ya no había cerca ni mujeres ni niños.

La tripulación no recibió salari

Los miembros de la tripulación se quedaron sin salario en el momento en el que el barco se hundió. Algunos lo recibieron en forma de regalos como ropa y otros artículos.

Demasiados errores

Se cometieron varios errores importantes (la construcción del barco, el equipo transportado y los métodos de trabajo a bordo) que condujeron a la tragedia.

Duff Gordon narra su historia

Gordon dijo que no sobornó a los tripulantes del bote salvavidas pero afirmó que les dio dinero para ayudarles a reemplazar el equipamiento que habían perdido.

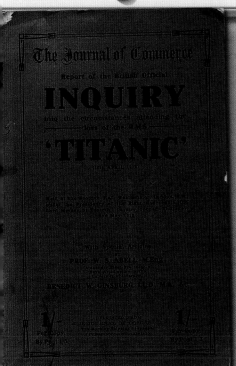

The Journal of Commerce

Report of the British Official

INQUIRY

into the circumstances attending the loss of the R.M.S.

'TITANIC'

Lección aprendida

El informe de investigación británico hizo varias recomendaciones que mejorarían la seguridad de los barcos en el futuro.

PATRULLA INTERNACIONAL DEL HIELO

DESPUÉS DE LA TRAGEDIA, se estableció un servicio internacional para vigilar los icebergs y enviar avisos a los barcos. Se comenzó con barcos patrullas que navegaban por las principales rutas marítimas, enviando avisos por radio cuando encontraban hielo. Después de la Segunda Guerra Mundial, el servicio comenzó a utilizar también aviones, que podían cubrir las áreas de riesgo más rápidamente.

Un guardacostas americano C-130 vigila el hielo.

HMS *Endurance* controla el calmado mar cerca de la Antártida.

La comunicación por radio era mala y las radios no se controlaban todo el tiempo.

El barco no tenía suficientes botes salvavidas para llevar a todas las personas que iban a bordo.

Los remaches estaban hechos de acero de baja calidad y podrían haberse roto por el impacto.

Los mamparos estancos no eran lo suficientemente altos y permitieron que el agua los traspasara.

Una navegación más segura

Barcos como el *SS Normandie* y el *RMS Queen Mary* (ambos botados en la década de 1930) tenían el número adecuado de botes salvavidas y buena comunicación por radio.

SS Normandie

RMS Queen Mary

EN BUSCA DEL TITANIC

POCO DESPUÉS DEL NAUFRAGIO, hubo personas que se plantearon buscar el *Titanic* e investigar los restos en el fondo del mar. Sin embargo, nadie sabía dónde se encontraba el barco exactamente y las profundas y heladas aguas del océano hacían muy difícil su búsqueda. Robert Ballard, un oceanógrafo americano y arqueólogo submarino, se dio cuenta de que lo mejor sería utilizar submarinos diseñados para este fin. En 1985, Ballard y su equipo exploraron el fondo oceánico con el *Argos*, un submarino no tripulado con el que consiguió hallar los restos del naufragio.

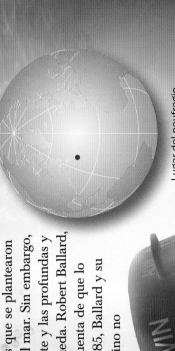

Lugar del naufragio del *Titanic*.

ACERCÁNDOSE

En 1986, el equipo de Ballard exploró los restos del naufragio más de cerca. Bajaron al fondo del océano en un submarino llamado *Alvin* y utilizaron un pequeño robot submarino, *Jason Junior*, para investigar el interior del casco.

Encontraron las dos partes principales del barco e hicieron muchas fotografías de los restos que se encontraban en el área llamada el «campo de restos».

La zona de penumbra

Solo una pequeña luz alcanza la zona de penumbra, que se extiende desde 200 metros (650 pies) hasta 1000 metros (3300 pies) de profundidad.

Alvin y Jason Junior

El submarino *Alvin* puede llevar tres personas junto con el *Jason Junior* hasta una profundidad de 4500 metros (14 760 pies). El *Jason Junior* se maneja por control remoto y puede tomar secuencias de video.

El submarino no tripulado, *Argos*.

LOS HECHOS
JULIO DE 1985 – JULIO DE 1986

Los restos del *Titanic* se localizaron e investigaron en el plazo de un año.

JULIO DE 1985

Robert Ballard se une al equipo de oceanógrafos franceses a bordo del barco de investigación *Le Suroit*. Utilizan un sonar de barrido lateral suspendido de un cable a 3810 metros (12 500 pies) de profundidad para buscar el *Titanic*, pero no pueden localizar los restos.

12 DE AGOSTO DE 1985

El barco *Le Suroit* es sustituido por el *Knorr*, que está equipado con el *Argos*, un nuevo submarino no tripulado.

25 DE AGOSTO DE 1985

El *Argos* es desplegado del *Knorr*. Las videocámaras del submarino envían imágenes al barco mostrando los cráteres del fondo oceánico, posiblemente formados por los restos del naufragio.

1 DE SEPTIEMBRE DE 1985

Las cámaras del *Argos* visualizan una de las calderas del *Titanic*. El *Argos* traza el campo de los restos en los siguientes días, mientras que el ecómetro del *Knorr* localiza la sección principal del casco del *Titanic*.

La zona de medianoche

Ninguna luz alcanza la zona de medianoche, que se extiende desde 1000 metros (3300 pies) hasta 4000 metros (13 100 pies) de profundidad.

La distancia entre la sección de proa y la de popa es de unos 600 metros (1970 pies).

La sección de popa estaba muy dañada ya que se había partido y hundido.

El barco dejó una estela con sus restos sobre el fondo oceánico, que condujo al equipo de Ballard hasta el casco.

El lugar de descanso

El *Titanic* descansa en una zona abisal oscura, que se extiende hasta los 6000 metros (20 000 pies) de profundidad. Las criaturas que viven aquí, como el rape, tienen que soportar altas presiones.

Historia del TITANIC
ROBERT BALLARD

Robert Ballard fue un antiguo oficial del ejército americano que llegó a ser famoso como oceanógrafo y arqueólogo. Otros naufragios que investigó fueron el del buque *Lusitania*, que fue hundido por un torpedo en Irlanda y el *Yorktown*, el portaaviones americano que naufragó en la batalla de Midway durante la Segunda Guerra Mundial.

Robert Ballard.

El *Jason Junior* puede explorar el interior de los restos de la sección de proa mientras es sujetado por el *Alvin*.

La sección de proa del *Titanic* se posa sobre el fondo oceánico golpeándolo con fuerza.

El barco de investigación *Knorr*.

JULIO DE 1986
...Ballard llega cerca del lugar ...jo a bordo del *Atlantis II*, ...con *Alvin* y *Jason Junior*.

JULIO DE 1986
...no *Alvin* consigue posarse ...bierta de la sección de proa, ...ástil que sujetaba la cofa de ...la que el marinero Frederick ...ó el iceberg.

JULIO DE 1986
...Ballard realizó su ...ersión. Durante más ...as investigaron y ...on la mayor parte ...os.

La cubierta de botes

La descompuesta cubierta de botes tiene partículas corroídas, que son como formaciones de carámbanos producidas por las bacterias que viven en el lugar del naufragio. Estas bacterias se comen el óxido y dejan los productos de desecho en forma de compuestos minerales.

EXPLORACIÓN DEL BARCO

DESDE QUE ROBERT BALLARD y su equipo descubrieran e investigaran los restos del *Titanic,* se han hecho muchas expediciones submarinas para explorar y fotografiar los restos del barco. Como resultado, conocemos más acerca de cómo se hundió la nave y cómo se partió mientras caía hacia el fondo oceánico y cómo el casco metálico y el resto de sus partes se caían gradualmente. Asimismo, los investigadores comenzaron a descubrir muchos objetos, desde accesorios del barco y equipamiento utilizado por los miembros de la tripulación hasta vajilla de varios comedores y objetos personales de los pasajeros. La empresa *RMS Titanic* obtuvo los derechos para proteger estos objetos. La compañía no es propietaria ni de los restos del naufragio ni de

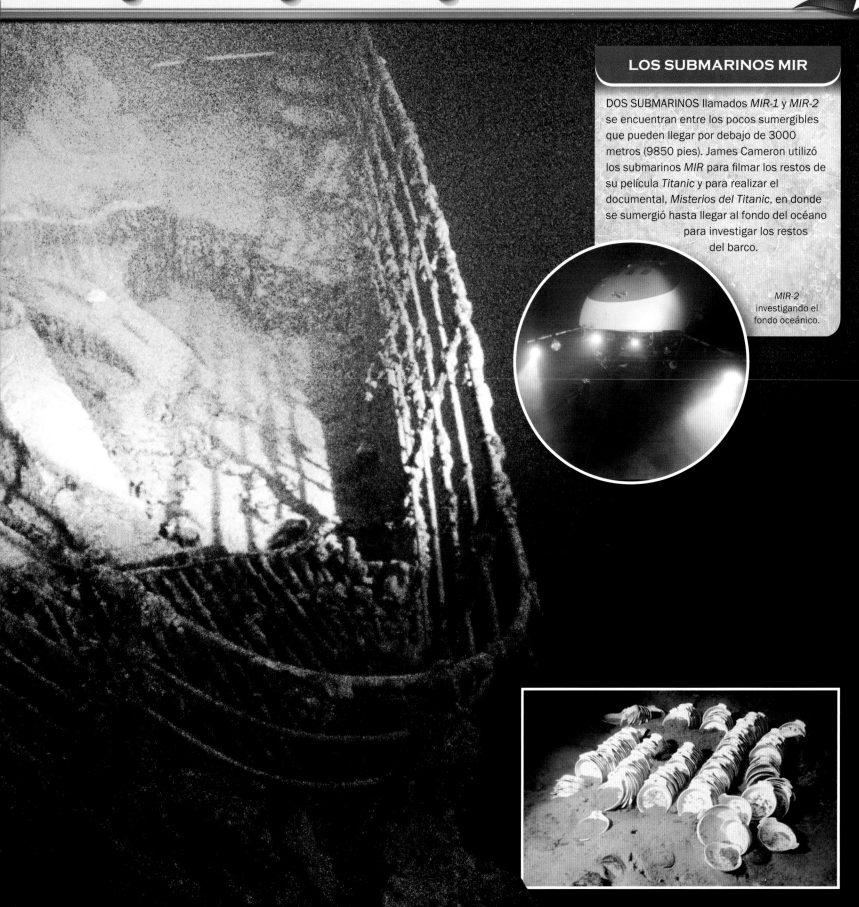

LOS SUBMARINOS MIR

DOS SUBMARINOS llamados *MIR-1* y *MIR-2* se encuentran entre los pocos sumergibles que pueden llegar por debajo de 3000 metros (9850 pies). James Cameron utilizó los submarinos *MIR* para filmar los restos de su película *Titanic* y para realizar el documental, *Misterios del Titanic*, en donde se sumergió hasta llegar al fondo del océano para investigar los restos del barco.

MIR-2 investigando el fondo oceánico.

Vajilla intacta
Ordenadas pilas de platos y fuentes yacen intactas sobre la arena del fondo del océano.

RESCATADO DE LAS PROFUNDIDADES

LOS BUCEADORES RESCATARON miles de objetos del *Titanic*. Los restauradores limpiaron cuidadosamente estas reliquias para que pudieran mostrarse en exhibiciones por todo el mundo. Se encontraron objetos de todo tipo, desde frágiles cuadernos de notas y postales hasta piezas de mobiliario y partes del casco. Los artículos utilizados por los pasajeros (desde botellas de cava sin abrir hasta tarros de maquillaje) han ayudado a los historiadores a descubrir más aspectos de las vidas de los pasajeros a bordo del barco.

Telégrafo del puente de mando.

Objetos personales

Entre los restos del naufragio se pudieron recuperar bolígrafos, relojes de bolsillo y artículos de aseo personal, tales como cepillos y maquinillas de afeitar.

Reliquias del puente

Del equipamiento del barco, se salvaron artículos como este telégrafo, que se utilizó para enviar mensajes del puente de mando al cuarto de máquinas.

Objetos valiosos

Los sobrecargos del barco custodiaban los objetos de valor, como las joyas, y los guardaban en bolsas de cuero con la esperanza de poder salvarlos, pero esta bolsa cayó al fondo del océano.

Taza de porcelana china para café.

Una bolsa negra de un sobrecargo con joyas.

Porcelana china y cristalería

Los buceadores recuperaron entre los restos, muchas piezas de porcelana china y cristalería. Esta taza probablemente su utilizó para servir el café en la zona de tercera clase.

Tumbona reclinable de la
cubierta de paseo.

Equipamiento y accesorios

Los accesorios metálicos que se han
rescatado incluyen una campana del
barco, lámparas y este «ojo de buey» de
bronce.

Mobiliario

Las tumbonas de madera con
reposapiés permitían que los
pasajeros se tumbaran
cómodamente en la cubierta.

Un «ojo de buey»
de bronce.

Cubertería

Estas piezas de la
cubertería de plata, a
pesar de estar corroídas,
muestran el lujo que
vestía las mesas del
comedor de primera clase.

Cuchillos y tenedores de plata
del comedor de primera clase.

Una caja de cerillas hecha
especialmente para la
naviera White Star Line.

ESCENARIO Y PANTALLA

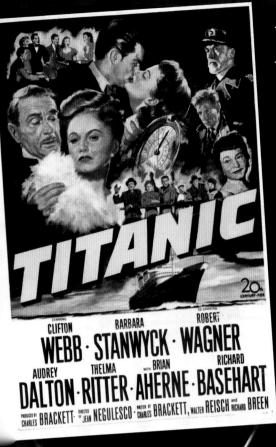

LA PRIMERA PELÍCULA sobre la tragedia fue un cortometraje mudo llamado *Saved from the Titanic* («Salvados del *Titanic*») (1912), protagonizada por Dorothy Gibson, que sobrevivió a la tragedia y escribió el guión. Hasta la actualidad, tanto los directores de cine como la audiencia, se han dejado fascinar por la dramática historia del barco y su hundimiento, así como las extraordinarias historias de los supervivientes y el glamur que rodeaba el estilo de vida de los pasajeros de primera clase.

RECREACIÓN DEL BARCO

Varios directores de cine han recreado el barco utilizando estudios, modelos y otros barcos de la naviera White Star. Los barcos utilizados en *La última noche del Titanic* y la película dirigida por James Cameron en 1997, *Titanic,* son las réplicas más parecidas al original.

Titanic (1953)

Esta película narra la historia de una pareja, que no es feliz en su matrimonio, y sus dos hijos. Justo antes del naufragio del *Titanic*, se reconcilian pero el padre y un hijo mueren en el hundimiento.

SOS Titanic (1979)

Esta serie hecha para la televisión narra las vivencias de tres grupos de pasajeros distintos, que viajaban en primera, segunda y tercera clase.

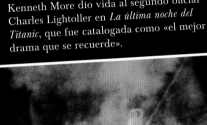

Titanic (1997)

Leonardo Di Caprio y Kate Winslet protagonizan esta apasionante historia de amor dirigida por James Cameron famoso por sus impresionantes efectos especiales

La última noche del Titanic (1958)

Kenneth More dio vida al segundo oficial Charles Lightoller en *La última noche del Titanic*, que fue catalogada como «el mejor drama que se recuerde».

Rescaten el Titanic (1980)

Un grupo de personas recupe los restos del *Titanic* del fondo del océano en busca de un extraño y valioso mineral que creen que iba a bordo del barc

Muchas escenas de la película de *Titanic* de James Cameron fueron filmadas utilizando una réplica que solo medía 14 metros (46 pies) de eslora.

MS OASIS OF THE SEAS

El *Oasis of the Seas* bate un nuevo récord en lo que respecta a la capacidad de pasajeros y ha sido diseñado para navegar por el mar Caribe. El barco duplica el peso del *Titanic*.

ARMADOR: STX EUROPE, TURKU, FINLANDIA

NAVIERA: ROYAL CARIBBEAN INTERNATIONAL

BOTADURA: 22 DE NOVIEMBRE DE 2008

ESLORA: 360 M (1181 PIES) **MANGA:** 60,5 M (198 PIES)

VELOCIDAD: 22,6 NUDOS (41,8 KM/H – 26 MPH)

CAPACIDAD: 8461 (6296 PASAJEROS / 2165 TRIPULANTES)

RMS QUEEN MARY 2

Aunque a menudo se utiliza como crucero comercial, el *Queen Mary 2* se diseñó para atravesar el Atlántico y tiene una velocidad mayor que otros cruceros como el *Oasis of the Seas*.

ARMADOR: CHANTIERS DE L'ATLANTIQUE, FRANCIA

NAVIERA: CUNARD LINE

BOTADURA: 21 DE MARZO DE 2003

ESLORA: 345 M (1132 PIES) **MANGA:** 45 M (147,5 PIES)

VELOCIDAD: 29,5 NUDOS (54,7 KM/H – 34 MPH)

CAPACIDAD: 4309 (3056 PASAJEROS / 1253 TRIPULANTES)

MS QUEEN ELIZABETH II

El *Queen Elizabeth II* se unió a la flota de la naviera Cunard en octubre de 2010. Decorado con un estilo de los años 1930 y 1940, es el tercer crucero en ser bautizado con el nombre de Elizabeth.

ARMADOR: FINCANTIERI MONFALCONE, ITALIA

NAVIERA: CUNARD LINE

BOTADURA: 11 DE OCTUBRE DE 2010

ESLORA: 293 M (964 PIES) **MANGA:** 32 M (106 PIES)

VELOCIDAD: 23,7 NUDOS (43,8 KM/H – 27,25 MPH)

CAPACIDAD: 3064 (2068 PASAJEROS / 996 TRIPULANTES)

GRANDES CRUCEROS

EN LA ACTUALIDAD, LA MAYORÍA DE LAS PERSONAS realizan sus viajes de larga distancia en avión pero todavía hay espacio para los grandes transatlánticos, como el *Oasis of the Seas*, que realiza cruceros vacacionales bordeando las costas más bonitas de todo el mundo. Estos modernos cruceros son descendientes del *Titanic* pero son mucho más grandes e incluso han llevado su lujo a niveles superiores. Por ejemplo, los nuevos cruceros de la clase *Oasis* miman a sus pasajeros con varias piscinas así como discotecas, casino y canchas para practicar deporte como voleibol y baloncesto. Algunas de las piscinas a bordo se han diseñado imitando playas e incluso existe un parque con plantas y árboles reales. Las actividades lúdicas en estos grandes cruceros incluyen desde *karaoke* hasta juegos de ordenadores, y el alojamiento para los pasajeros ofrece lujosas suites con cubiertas o balcones privados.

Más titánico que el Titanic

Las numerosas cubiertas del *Oasis of the Seas* alcanzan la altura de 72 metros (236 pies) sobre el nivel del mar, llegando aproximadamente a la misma altura que un edificio de veinticuatro plantas o dos veces la altura del *Titanic*.

Entretenimiento a bordo
Un «paseo marítimo» protegido con diferentes diversiones (arriba a la izquierda) y una piscina exterior con simulador de *surf* (arriba) son las dos actividades más populares en el *Oasis of the Seas*.

¿QUÉ SIGNIFICA GRANDE?

EL GRAN CRUCERO *Oasis of the Seas* es un barco enorme. Es más alto que la *Columna de Nelson* situada en Trafalgar Square, Londres y, más largo que cuatro campos de fútbol. Hace parecer pequeño al *Titanic* cuando se le compara: su eslora supera al *Titanic* en casi 91 metros (298 pies) y duplica su manga ampliamente. El *Titanic* medía 53 metros (175 pies) desde su quilla hasta la punta de sus chimeneas.

Oasis of the Seas

Airbus A340   *Titanic*

El avión comercial *Airbus A340-600* mide 75 metros (247 pies) de largo y tiene más de 17 metros (56 pies) de altura.

LA MEMORIA DEL TITANIC

EL NAUFRAGIO DEL *TITANIC* afectó a miles de personas: familiares, amigos, vecinos, compañeros de trabajo y conocidos de todos aquellos que perdieron su vida. Por todo ello, siempre ha sido importante recordar y respetar a los fallecidos (su vida, su talento y el valor con el que afrontaron la muerte). Cada uno de los libros y películas que se han hecho sobre el barco son, en cierto modo, un homenaje a los fallecidos, así como a las experiencias que sufrieron aquella trágica noche del 14 de abril de 1912.

HOMENAJES Y MONUMENTOS

Muchos colectivos colocaron sus propios monumentos y placas conmemorativas dedicadas a los pasajeros y a la tripulación del *Titanic*. Las ciudades que tuvieron una relación especial con el *Titanic* como Belfast, en donde se construyó el barco y Southampton, lugar de donde zarpó, han tenido un interés especial en hacer este tipo de homenajes a aquellos que desaparecieron.

POR FIN UN NOMBRE

LAS TUMBAS DE LAS 120 víctimas del *Titanic* se encuentran en Halifax, Nueva Escocia, Canadá. Una de ellas pertenece al «niño desconocido», cuyo cuerpo no pudo ser identificado. En 2007, este niño fue identificado como Sidney Goodwin, de 19 meses de edad, cuya familia por completo pereció en la tragedia.

FARO CONMEMORATIVO

ERIGIDO EXACTAMENTE un año después del naufragio, este faro conmemorativo se construyó originariamente en la parte más alta del Instituto Seaman de Nueva York y su luz verde era visible a través del East River de la ciudad. Cuando trasladaron el instituto a otro edificio, el faro se ubicó cerca del puerto marítimo de South Street.

CANADÁ

HALIFAX

NUEVA YORK

WASHINGTON, DC

ESTADOS UNIDOS

Historias del TITANIC
LA PASAJERA MÁS JOVEN FUE LA ÚLTIMA SUPERVIVIENTE

Millvina Dean fue la superviviente más joven del *Titanic* y, hasta su muerte en mayo de 2009, fue la última superviviente de la tragedia. Durante sus últimos años, participó en conferencias y apareció en diversos programas de televisión y radio para hablar sobre el *Titanic*.

Millvina Dean.

LAS MUJERES HOMENAJEAN A LOS VALEROSOS HOMBRES

LAS MUJERES NORTEAMERICANAS erigieron un monumento al *Titanic* en la ciudad de Washington, DC en 1931. Diseñado por la escultora americana Gertrude Vanderbilt Whitney, su estatua de granito muestra a un hombre con los brazos abiertos y rinde homenaje a los hombres que «dieron sus vidas para que las mujeres y los niños pudieran salvarse». La postura de la estatua fue bellamente adoptada por Kate Winslet en la película dirigida por James Cameron, *Titanic*.

LA ÚLTIMA ESCALA

QUEENSTOWN fue la última escala que hizo el *Titanic* antes de poner rumbo al Atlántico. El monumento en el puerto (ahora, Cobh) se erigió en 1998. Su inscripción recuerda al gran número de pasajeros irlandeses, que iban a bordo del barco con la esperanza de comenzar una nueva vida en Estados Unidos.

POR SU DEDICACIÓN AL DEBER

EL MONUMENTO DE BELFAST se erigió en 1920. Fue esculpido por sir Thomas Brock y costeado entre la naviera White Star Line y los trabajadores de la armadora Harland and Wolff, en donde se construyó el *Titanic*. Recuerda la dedicación al deber de los «valientes hombres de Belfast» que murieron en el barco.

HÉROES MUSICALES

EN 1913, LA UNIÓN DE MÚSICOS apoyó económicamente el monumento erigido en Southampton a los heroicos músicos del *Titanic*, que continuaron tocando hasta el final. El monumento fue destruido durante la Segunda Guerra Mundial pero en 1990 se construyó una réplica. Lleva los nombres de los miembros de la banda y se puede leer la frase: «Murieron en su puesto de trabajo como caballeros».

IRLANDA
BELFAST
REINO UNIDO
COBH
SOUTHAMPTON

EL DEBER LES LLAMÓ HASTA EL FINAL

MÁS DE 100 000 PERSONAS se reunieron en el Parque Andrews de Southampton para ver cómo se descubría en abril de 1914 el monumento dedicado a los ingenieros del barco. Los ingenieros se quedaron en sus puestos de trabajo y mantuvieron las luces del barco encendidas, permitiendo que otros pudieran encontrar el camino hacia los botes salvavidas.

La última imagen del *Titanic* navegando en el mar se tomó en Queenstown.

DATOS DEL TITANIC

GLOSARIO

Amarras: Equipo utilizado para asegurar un barco en el puerto, como cabos o anclas.

Babor: Lado izquierdo de una embarcación.

Bodega de carga: Parte interior de un barco en donde se transporta la mercancía.

Campo de hielo: Zona del océano en donde se encuentran icebergs.

Campo de restos: Área del fondo oceánico en donde se dispersaron los restos del naufragio del *Titanic*.

Casco: Cuerpo principal de una nave.

Castillo de popa: Cubierta parcial que va desde el palo de mesana hasta la popa.

Castillo de proa: Cubierta superior que se encuentra en el extremo de la proa de un barco.

Escotilla: Abertura en una cubierta que conduce a la bodega.

Estribor: Lado derecho de una embarcación.

Investigación: Averiguaciones detalladas de lo sucedido en un accidente.

Litera: Cama o camastro que se usan en los camarotes de un barco.

Mamparo: Tabique que divide en compartimentos estancos el interior de una embarcación.

Manga: Anchura mayor de un buque.

Maniobrar: Operaciones que se hacen en un barco para cambiar su rumbo.

Motor alternativo: Motor con pistones que se mueven arriba y abajo.

Pantoque: Parte más baja del casco de una nave.

Polea: Pequeña rueda utilizada para arriar los botes salvavidas o transportar la carga.

Popa: Parte trasera de un barco o bote.

Premonición: Sensación de que algo va a suceder.

Proa: Parte delantera de un barco o bote.

Puente: Estructura con forma de puente que soporta una grúa o plataforma de trabajo para construir un barco.

Quilla: Pieza que va de popa a proa por la parte inferior de una nave, haciendo de espina dorsal.

Bote salvavidas enganchado a las poleas.

Remache: Clavo metálico utilizado para unir partes de una estructura.

Sección de popa: Parte posterior de un barco o bote.

Sónar de barrido lateral: Aparato utilizado para detectar objetos en el fondo del mar. Envía sonidos y mide el tiempo que tarde en recibir su eco.

Submarino: Pequeña embarcación diseñada para operar bajo el agua.

Suite: Camarote privado grande y lujoso en un barco.

Telégrafo: Sistema de comunicación que transmite mensajes a través de señales eléctricas sencillas.

Tonelaje: Número de toneladas de agua que desplaza una nave cuando flota.

Turbina de vapor: Aparato que genera potencia cuando un chorro de vapor empuja una rueda de paletas.

Vehículo de Operación Remota (VOR): Vehículo que se controla remotamente como un submarino o robot.

Ventilación: Sistema de circulación de aire fresco de una embarcación o edificio.

EL TITANIC EN LÍNEA

Existen muchas páginas web que contienen información sobre el *Titanic*. Aquí se indican las cuatro más importantes:

http://www.Titanic.com
Un grupo de entusiastas de los temas marítimos ha creado una comunidad sobre el *Titanic*, en donde se puede compartir información sobre el barco y temas relacionados.

www.expeditionTitanic.com
Página web que recopila imágenes de diferentes expediciones al *Titanic*, creando una impresionante colección de fotografías del lugar del naufragio.

www.nmni.com/Titanic
Los museos nacionales de Irlanda del Norte han creado esta página dedicada al *Titanic*, repleta de detalles que incluyen desde diseños originales hasta emotivos recuerdos.

El capitán Smith permanece junto al telégrafo del puente.

LOS ERRORES DEL TITANIC

Se cometieron varios errores en el diseño, construcción y manejo de la nave que pudieron contribuir al hundimiento o evitaron que se rescatasen más pasajeros. Los historiadores han debatido algunos de estos errores:

* Dar más espacio a las cabinas. Los mamparos no se construyeron con la altura suficiente, por lo que el agua pasó de un compartimento a otro, inclinando el barco hacia el fondo.

* Los remaches con los que se fijaron las planchas metálicas del casco no estaban hechos de acero de alta calidad.

* Se ignoraron varios avisos de avistamiento de hielo en la zona antes de que se cambiara el curso del barco.

Remaches en una sección del casco recuperado.

* El timonel podría haber confundido dos tipos de órdenes: «órdenes de timón», que se utilizaban en los barcos a vapor para indicar el rumbo a tomar; y las «órdenes de caña», que se utilizaban en los veleros para mover el timón en la dirección opuesta.

* Se dijo que iba demasiado rápido porque el capitán Smith recibió órdenes de navegar a gran velocidad, a pesar de las condiciones de hielo.

* Había muy pocos botes salvavidas. Además, estos no se llenaban porque no se habían realizado simulacros en el barco.

* Si los barcos cercanos hubieran dejado sus radios encendidas, su tripulación hubiera sabido que el Titanic tenía problemas.

* El Titanic solo lanzó ocho bengalas de auxilio.

UN MISTERIO RODEA EL TITANIC

Cuando los operadores de radio del *Titanic* estaban trabajando laboriosamente justo antes de la colisión, se les informó que un barco misterioso había sido visto en el horizonte. Los miembros de la tripulación se prepararon para lanzar las bengalas y enviarle señales pero el barco desapareció rápidamente y nadie pudo identificarlo o explicar adónde se había ido.

LA HORA DEL TITANIC

La hora del día difiere de un lugar del globo a otro (por ejemplo, existe una diferencia de cinco horas entre Londres y Nueva York). Cuando el *Titanic* navegaba lentamente por el mar, era habitual ajustar la hora a bordo cada día para aproximarla a la hora local. Por lo que las doce del mediodía a bordo del barco correspondían con el momento en el que el Sol estaba en su punto más alto ese día. La hora del barco se conoce como «hora del puente». La hora de la colisión fue las 23:40 hora del puente, que correspondía con las 03:02 horas en Londres y las 22:02 horas en Nueva York.

ÍNDICE

CRÉDITOS

La editorial agradece la colaboración de Tricia Waters por el índice.

ILUSTRACIONES

Cubierta y contracubierta: Peter Bull Art Studio
Peter Bull Art Studio 2-3, 5bl, br, 8-9, 11tl, 16-17, 18-19, 22-23, 30-31, 32-33,
34-45, 40-41, 42-43, 48-49, 56-57; Leonello Calvetti 10-13; Barry Croucher/
The Art Agency 20-21, 62br; Malcolm Godwin/Moonrunner Design 50-51;
Gary Hanna/The Art Agency 36-37, 38-39, 62br; KJA-artists 14-15, 44-45; Iain
McKellar 42tl, cl, l, bl; Francesca D'Ottavi/Wilkinson Studios 4br, 26-27,
28-29; Roger Stewart/KJA-artists 37r, 39r, 41r, 54-55bg

FOTOGRAFÍAS

Clave: t=arriba; l=izquierda; r=derecha; tl=arriba a la izquierda; tr=arriba a la
derecha; tc=parte superior centrada; tcl=parte superior izquierda; tcr=parte superior
derecha; c=centro; cr=centro-derecha; cl=centro izquierda; b=abajo; bl=abajo a la
izquierda; br=abajo a la derecha; bc=inferior centrada; bcr=inferior centrada
derecha; bcl=inferior centrada izquierda; bg=fondo
ALA=Alamy; BL=British Library; CBT=Corbis; GI=Getty Images; IS=iStockphoto.
com; LC=Library of Congress; MEPL=Mary Evans Picture Library; MQ=Maritime
Quest; PIC=Picture Desk; REX=Rex Features; TPL=photolibrary.com;
Wiki=Wikipedia
Contracubierta bl BL, tr ALA; 6 tc ALA, br GI, cl LC, bl, c MEPL; bg MQ; 7 bc
CBT, bl, br MEPL; 8 br CBT, c TF; 9 r MEPL, br MQ; 10 cl LC, b MQ, cr TPL;

13 r MQ, tr TPL; 14-15 MQ; 15 bl LC; 16 cl TF; 17 b CBT, br IS; 18 bl MQ, tr
TF; 19 bl TF, tr MQ; 20 tr CBT; 21 tc LC; 22 bl CBT; 23 tr MQ; 24 bg IS, bl, cl
MEPL, t MQ, b CBT; 25 br CBT, l, bcr MEPL, t, tr, bc MQ, tcr TF; 26 bl LC, c
CBT; 27 tr LC, b, t TF; 28 l MEPL, tr LC; 29 tr TF; 30 bg IS, bl MEPL, l ALA, tr
PIC; 31 tl, cl GI, br CBT, r TF; 32 tl TPL, b MQ; 33 tr CBT; 34 tl REX; 35 r IS; 36
tr GI, bl TF; 37 br GI; 40 tr TF; 41 tl IS; 42 t LC, b MEPL; 44 t, tr MQ, cr MEPL;
45 t ALA, bl, bc LC, c MQ; 46 bg IS, tl CBT, l LC, b TF; 47 l REX, t, tr CBT, br
PIC; 48 tr Wiki, l, b MEPL; 49 tl MEPL, tc ALA, bl, br CBT, tr Wiki; 50 bl CBT;
51 bc Wiki, tr CBT; 52-3 CBT; 54-5 CBT; 55 br MEPL; 56 tl, br ALA, br PIC;
57 tl GI, c REX, br, tr PIC; 58 bg CBT, tl Wiki, tc GI, tr REX; 59 tl, tr CBT; 60 bl
CBT, l ALA, tr IS, br TF; 61 tl, t, r ALA, tr Wiki, br MQ; guardas GI